ΙΝΣΤΙΤΟΥΤΟ ΤΗΣ ΔΑΝΙΑΣ ΣΤΗΝ ΑΘΗΝΑ

ÉCOLE FRANÇAISE D'ATHÈNES

Den franske forbindelse

– 100 år med danske arkitekter ved Den Franske Arkæologiske Skole i Athen

Une liaison française

– 100 années de présence d'architectes danois à l'École française d'Athènes

Δεσμοί με τη Γαλλία

– 100 χρόνια παρουσίας Δανών αρχιτεκτόνων στη Γαλλική Σχολή Αθηνών

Erik Hallager et Dominique Mulliez
éditeurs en collaboration avec
Gregers Algreen-Ussing, Martin Schmid, Elpida Chairi et Sine Riisager
Traduction: Elpida Chairi et Hanna Lassen

THORVALDSENS MUSEUM

© Copyright The Danish Institute at Athens &
École française d'Athènes, Athens 2008
Den franske forbindelse / Une liaison française / Δεσμοί με τη Γαλλία

Éditeurs: Erik Hallager et Dominique Mulliez
Conception artistique et réalisation: Erik Hallager
Impression par Leonidas Karydakis

Le texte a été imprimé selon les règles
typographiques danoises

La publication a bénéficié de l'aide financière de
Ny Carlsbergfondet

ISBN: 978-87-7934-103-6
ISBN EFA: 978-2-86958-198-2

Distributeur:
Aarhus University Press
Langelandsgade 177
DK-8200 Århus N
www.unipress.dk

De Boccard Édition-Diffusion
11, rue de Médicis
F-75006 Paris
www.deboccard.com

Illustrations sur la couverture et la quatrième de couverture:
Le transport de poutres en bois de Corinthe à Delphes
Dessiné par Erik Hansen 2008
D'après *Le temple d'Apollon du IVe siècle (Histoire de la construction)*, Paris
2009, fig. 19.1 a et b
Quatrième de couverture
Erik Hansen étudiant une métope de Delphes
Photo: P. Amandry 1980

Indhold / Sommaire / Περιεχόμενα

Forord / Préface / Πρόλογος

2008 er 100-året for begyndelsen af danske arkitekters arbejde ved Den Franske Arkæologiske Skole i Athen. Siden 1908 har 73 arkitekter og arkitektstuderende fra Kunstakademiets Arkitektskole i København i tre perioder arbejdet på franske udgravninger over det meste af Grækenland – dog med hovedvægt på Delos og Delfi. Deres arbejde har været skoledannende inden for registrering af monumenter fra den græske oldtid. Denne betydende internationale indsats har Det Danske Institut og Den Franske Skole i Athen fundet det værd at markere.

Det sker gennem en udstilling af originaltegninger af nogle af de banebrydende arbejder suppleret med samtidigt dokumentationsmateriale og med et internationalt seminar, hvor foredragsholderne er danske og franske arkæologer og arkitekter.

At det i det hele taget har været muligt at etablere udstilling, katalog og seminar skyldes mange gode kræfter, men det havde ikke kunnet lade sig gøre uden den indsats, som Gregers Algreen-Ussing og Erik Hansen har ydet. De har blandt tusindvis af tegninger på Den Franske Skole og fotografier udvalgt, hvad der var vigtigt for udstillingen, været inspiratorer til seminarets deltagere og trukket det tunge læs med præsentationen i dette katalog. Uden den entusiasme og

L'année 2008 marque le centenaire de la collaboration entre les architectes Danois et l'École française d'Athènes. Depuis 1908 et pendant trois périodes distinctes, 73 architectes et étudiants de l'École d'Architecture de l'Académie Royale des Beaux Arts ont travaillé sur les fouilles françaises partout en Grèce, surtout à Délos et à Delphes. Leur travail a constitué une école en ce qui concerne le mode d'enregistrement des monuments de l'Antiquité grecque. L'Institut Danois et l'École française d'Athènes ont décidé de célébrer cette importante réussite internationale.

A cet effet, ont été programmés une exposition de dessins originaux de certains travaux pionniers, enrichie d'une documentation complémentaire de l'époque, ainsi qu'un séminaire international avec des intervenants français et danois, archéologues aussi bien qu'architectes.

La réalisation de l'exposition, de son catalogue et du séminaire ont été possibles grâce au recours à de nombreuses personnes, mais rien ne serait arrivé à terme sans la contribution de Gregers Algreen-Ussing et d'Erik Hansen. Parmi des milliers de dessins et de photos conservés aux Archives de l'École française d'Athènes, ils ont choisi ce qui serait intéressant à exposer, ils ont proposé les intervenants du séminaire, tout en assurant la préparation de ce catalogue. Le projet n'aurait pas été réalisé sans l'enthousiasme et l'assistance des personnels de nos

Το έτος 2008 συμπληρώνεται μια εκατονταετία από την έναρξη της συνεργασίας των Δανών αρχιτεκτόνων με τη Γαλλική Σχολή των Αθηνών. Από το 1908 και σε τρεις διακριτές περιόδους, 77 αρχιτέκτονες και φοιτητές της Αρχιτεκτονικής σχολής της Βασιλικής Ακαδημίας Καλών Τεχνών της Δανίας εργάστηκαν στις γαλλικές ανασκαφές σε όλη την Ελλάδα, κυρίως όμως στη Δήλο και στους Δελφούς. Το έργο τους αποτέλεσε σχολή για τον τρόπο καταγραφής των μνημείων της ελληνικής αρχαιότητας. Το Ινστιτούτο της Δανίας και η Γαλλική Σχολή Αθηνών θεώρησαν ότι αξίζει να εορταστεί το σημαντικό αυτό διεθνές επίτευγμα.

Ο εορτασμός περιλαμβάνει έκθεση πρωτότυπων σχεδίων ορισμένων πρωτοποριακών εργασιών, η οποία συμπληρώνεται από ντοκουμέντα εποχής καθώς και διεθνές σεμινάριο με Γάλλους και Δανούς ομιλητές, αρχαιολόγους και αρχιτέκτονες.

Οι εκδηλώσεις αυτές, η έκθεση με τον κατάλογό της και το σεμινάριο, οφείλονται σε πολλούς συντελεστές, αλλά δεν θα ήταν δυνατόν να πραγματοποιηθούν χωρίς τη συμμετοχή του Gregers Algreen-Ussing και του Erik Hansen. Μεταξύ χιλιάδων σχεδίων και φωτογραφιών που φυλάσσονται στα αρχεία της Γαλλικής Αρχαιολογικής Σχολής, επέλεξαν τα πιο ενδιαφέροντα για την έκθεση, πρότειναν τους ομιλητές του σεμιναρίου και οργάνωσαν τον κατάλογο. Το πρόγραμμά μας δεν θα είχε πραγματοποιηθεί χωρίς τον

hjælp, som medarbejderne på vores respektive skoler har vist og ydet ville projektet heller ikke være blevet en realitet. Vi skylder Dr. phil. Patrick Kragelund fra Kunstakademiets Bibliotek en tak for udlån af billedrammer tegnet af den danske arkitekt Kaare Klint. En speciel tak skal rettes til Dr. Mihalis Lefantzis for hans hjælp med udarbejdelsen af udstillingens præsentation af det samtidige dokumentationsmateriale.

At det har være muligt at præsentere projektet uden for Grækenland skyldes også mange gode kræfter. Vi er Thorvaldsens Museum i København taknemmelige for at have taget udstillingen under sine vinger, og vi retter en tak til Ny Carlsberg Glyptotek i København for at huse seminaret.

Vi er som altid det Græske Kulturministerium taknemmelig for de tilladelser og den opbakning vi altid har haft, og som har gjort det muligt at arbejde med den græske fortid og dermed etablere denne begivenhed.

Sidst, men ikke mindst, skal vi rette en varm tak til de fonde, som har gjort det økonomisk muligt at realisere projektet: Carlsbergfondet, som har sponsoreret seminaret, Ny Carlsbergfondet, der har bekostet dette katalog samt Realdania og Augustinus Fonden, som har støttet projektet generelt.

Athen, september 2008
Erik Hallager og Dominique Mulliez

deux institutions. Nous exprimons notre gratitude à Dr Patrick Kragelund de la Bibliothèque de l'Académie Royale des Beaux Arts pour la mise à notre disposition des cadres de présentation des dessins, conçus par l'architecte Kaare Klint. Nos remerciements s'adressent aussi à Dr Mihalis Lefantzis, pour son aide à la présentation de la documentation complémentaire à l'exposition.

C'est avec le concours des partenaires suivants que nous avons eu la possibilité de présenter notre projet en dehors de la Grèce : que le Musée Thorvaldsen de Copenhague qui a pris en charge l'exposition, trouvera ici part de notre gratitude, ainsi que la Glyptothèque Ny Carlsberg de Copenhague, pour avoir offert ses locaux pour le séminaire. Comme toujours, le Ministère de la Culture hellénique a donné les permis et le support nécessaire pour mener à bien nos travaux dans le domaine de l'Antiquité grecque et a ainsi rendu possibles ces manifestations. Nous lui exprimons toute notre reconnaissance.

Enfin, nous tenons à remercier bien sincèrement les fondations qui ont mis à notre disposition les moyens sans lesquels notre projet n'aurait pas pu être réalisé: Carlsberfondet, mécène de notre séminaire, Ny Carlsberfondet qui ont permis la réalisation de catalogue et de Realdania et de Augustinus Fonden qui a participé aux frais de l'ensemble du projet.

Athènes, Septembre 2008
Erik Hallager et Dominique Mulliez

ενθουσιασμό και τη βοήθεια του προσωπικού και των δύο ιδρυμάτων μας. Είμαστε ευγνώμονες στον Δρ Patrick Kragelund της Βιβλιοθήκης της Βασιλικής Ακαδημίας Καλών Τεχνών για την προσφορά των πλαισίων των πρωτότυπων σχεδίων, τα οποία σχεδίασε ο αρχιτέκτων Kaare Klint. Ιδιαίτερες ευχαριστίες οφείλουμε στο Δρ. Μιχάλη Λεφαντζή για τη βοήθειά του στην οργάνωση της έκθεσης του συμπληρωματικού ενημερωτικού υλικού.

Η επιτυχής προσπάθεια να παρουσιαστεί η έκθεση εκτός Ελλάδος οφείλεται και πάλι σε πολλούς παράγοντες. Εκφράζουμε την ευγνωμοσύνη μας στο Μουσείο Thorvaldsen της Κοπεγχάγης που ανέλαβε υπό την αιγίδα τους την έκθεση και ευχαριστούμε τη Γλυπτοθήκη Ny Carlsberg της Κοπεγχάγης για τη φιλοξενία του σεμιναρίου. Όπως πάντα, είμαστε ευγνώμονες στο ελληνικό Υπουργείο Πολιτισμού, το οποίο χορήγησε τις άδειες και προσέφερε την υποστήριξή του σε κάθε έργο μας σχετικό με την ελληνική αρχαιότητα, επιτρέποντας έτσι να πραγματοποιηθούν αυτές οι εκδηλώσεις.

Τέλος, εκφράζουμε τις ειλικρινείς ευχαριστίες μας στα ιδρύματα που με την υλική τους αρωγή, μας έδωσαν τη δυνατότητα να ολοκληρώσουμε το πρόγραμμά μας: το Carlsberfondet, το οποίο χρηματοδότησε το σεμινάριο, τα Ny Carlsberfondet, που ανέλαβαν τα έξοδα της έκδοσης του καταλόγου και Realdania καθώς και Augustinus Fonden που συνέτειναν στην ολοκλήρωση του προγράμματος.

Αθήνα, Σεπτέμβριος 2008
Erik Hallager και Dominique Mulliez

Indledning / Introduction / Εισαγωγή

Dominique Mulliez

Det jubilæum, vi markerer med denne udstilling – som min kollega og ven Erik Hallager har taget initiativ til – falder sammen med afslutningen på det store arkitekturprojekt gennemført i samarbejde mellem Den Franske Skole i Athen og Kunstakademiet i København: studiet af templet i Delfi fra det 4. århundrede f.Kr., som Pierre Amandry og Erik Hansen har arbejdet med i mange år. Håbet er, at offentliggørelsen af studierne ikke betyder afslutningen på et 100 år gammelt samarbejde (Hellmann 1996, s. 191-222).

Det nærmest usandsynlige møde mellem det kolde nord og Middelhavsegnene begyndte i 1902 med de danske udgravninger i Lindos på Rhodos. Der var ikke noget, der på forhånd favoriserede det usædvanlige samarbejde, som udviklede sig mellem Frankrig og Danmark, mellem Den Franske Skole i Athen og Kunstakademiet i København. Det var direktøren for Den Franske Skole, Maurice Holleaux, som tog initiativet. Efter at have set den unge danske arkitekt Povl Baumanns tegninger fra Lindos skrev han til Kunstakademiet i København og foreslog, at Kunstakademiet hver år sendte en dansk arkitektstuderende til Athen.

L'anniversaire que célèbre cette exposition – dont l'initiative revient à mon collègue et ami Erik Hallager – coïncide avec la fin de l'un des grands projets d'étude architecturale associant l'Ecole française d'Athènes et l'Académie des Arts de Copenhague: le temple du IVᵉ siècle à Delphes, qu'ont étudié de conserve pendant de nombreuses années Pierre Amandry et Erik Hansen et dont on aimerait que la publication ne marque pas le terme d'une collaboration centenaire (Hellmann 1996, p. 191-222).

L'improbable rencontre entre le grand Nord et la Méditerranée avait commencé lors des premières fouilles danoises à Lindos, sur l'île de Rhodes, à partir de 1902. Rien a priori ne prédisposait à la singulière collaboration qui s'ensuivit entre la France et le Danemark, entre l'École française d'Athènes et l'Académie des Arts de Copenhague. C'est Maurice Holleaux, alors directeur de l'École, qui en prit l'initiative : après avoir vu les relevés du jeune architecte danois Povl Baumann, qui travaillait à Lindos, il écrivit à l'Académie des Arts de Copenhague et proposa d'accueillir chaque année un architecte danois. Deux raisons principales motivèrent ce choix (cf. Hellmann 1996, 20): tout d'abord,

Η επέτειος που εορτάζεται με την έκθεση αυτή - η οποία αποτελεί πρωτοβουλία του συναδέλφου και φίλου Erik Hallager - συμπίπτει με την ολοκλήρωση ενός μεγάλου κοινού αρχιτεκτονικού προγράμματος της Γαλλικής Σχολής Αθηνών και της Ακαδημίας Καλών Τεχνών της Κοπεγχάγης: πρόκειται για το ναό του 4ου π.Χ. αιώνα στους Δελφούς, τον οποίο μελέτησαν επί μακρόν ο Pierre Amandry και ο Erik Hansen. Θα επιθυμούσαμε αυτή η δημοσίευση να μη σημάνει το τέλος της εκατονταετούς συνεργασίας μας (Hellmann, 1996, σελ. 191-222).

Η συνάντηση του Παγωμένος Βορρά και της Μεσογείου άρχισε αναπάντεχα με τις πρώτες ανασκαφές των Δανών στη Λίνδο της Ρόδου το 1902. Τίποτα δεν προοιώνιζε αυτή τη συνεργασία Γαλλίας και Δανίας, Γαλλικής Σχολής Αθηνών και Ακαδημίας Καλών Τεχνών της Κοπεγχάγης. Η πρωτοβουλία ανήκει στον τότε διευθυντή της Γαλλικής Σχολής Maurice Holleaux: έχοντας δει τις αποτυπώσεις του νέου Δανού αρχιτέκτονα Povl Baumann, που εργαζόταν στη Λίνδο, έστειλε επιστολή στην Ακαδημία Καλών Τεχνών της Κοπεγχάγης προτείνοντας μια θέση Δανού αρχιτέκτονα στη Γαλλική Σχολή κάθε χρόνο. Δύο ήταν οι αιτίες αυτής της απόφασης (Hellmann, 1996, 20): αρχικά, ο αυξανόμενος όγκος της

Baggrunden var for det første (cf. Hellmann 1996, s. 20) opgavens enorme omfang, som gjorde, at Den Franske Skoles egne kræfter ikke slog til, og for det andet den faglige udvikling inden for arkitektonisk analyse, som bevægede sig væk fra den typisk franske æstetiserende holdning og over mod en mere nøgtern, videnskabelig tilgang. Den dansk-franske aftale fra 1908 blev begyndelsen på et samarbejde, som navnlig udgravningerne på Delos og i Delfi, og i mindre grad dem i Malia, kom til at nyde godt af.

Det var ikke alle de danske arkitekter, der efter et ophold i Grækenland fortsatte en karriere inden for antikkens arkitektur. Men flere af dem fandt i Grækenland en inspiration, som var med til at forme deres fremtidige værker, og som i nogle tilfælde bidrog til den moderne arkitekturhistorie i Frankrig og i Danmark. Dette gælder for eksempel Johan Otto von Spreckelsen, arkitekten bag triumfbuen i La Defence-bydelen i Paris, som i sin ungdom tegnede knidiernes Skathus i Delfi. Blandt de ca. 50 arkitekter, som prægede dette samarbejde, har flere senere indtaget en vigtig plads i Den Franske Skoles fælles arv: Gerhardt Poulsen, den første deltager, Kaj Gottlob, som kom til at tegne overgangen mellem den "første bølge" og "den anden bølge" efter første verdenskrig, og endelig repræsentanterne fra den "tredje bølge": Gregers Algreen-Ussing og ikke mindst Erik Hansen. Sidstnævnte, som kom til Grækenland i 1954, dækker mere end halvdelen af de hundrede års danske til-

l'ampleur de la tâche à accomplir et à laquelle les forces en présence ne suffisaient plus ; ensuite une évolution dans l'analyse architecturale qui imposait d'abandonner – parfois non sans regrets – la tendance esthétisante que pratiquaient les Prix de Rome au profit d'une approche plus austère sans doute, mais aussi plus scientifique. – L'accord conclu en 1908 marqua le début d'une longue histoire, qui profita principalement aux sites de Délos et de Delphes, dans une moindre mesure à celui de Malia.

Tous les architectes danois qui prirent successivement le chemin de la Grèce ne se sont pas spécialisés ensuite en architecture antique, mais plusieurs ont trouvé dans cette expérience de quoi nourrir ou orienter leurs travaux à venir et certains ont contribué à écrire l'histoire de l'architecture contemporaine, au Danemark ou en France : l'on rappelle volontiers, par exemple, que Johan Otto von Spreckelsen, l'architecte de l'Arche de la Défense à Paris, a dessiné des blocs du Trésor de Cnide à Delphes. Parmi la cinquantaine de noms qui marquèrent cette collaboration, plusieurs appartiennent définitivement à la mémoire collective de l'École française d'Athènes : Gerhardt Poulsen, qui ouvrit le mouvement, Kaj Gottlob, qui assura selon toute apparence la transition entre la «première vague» et celle qui suivit la première Guerre mondiale, et, pour la «troisième vague», Gregers Algreen-Ussing et, surtout, Erik Hansen. Arrivé en Grèce en 1954, ce dernier couvre plus de la seconde moitié de cette centenaire présence danoise: son

εργασίας, για την οποία δεν επαρκούσαν πλέον οι αρχιτέκτονες της Γαλλικής Σχολής αλλά και η εξέλιξη της αρχιτεκτονικής ανάλυσης, που επέβαλε νέα αντιμετώπιση της κατάστασης. Χρειάστηκε να εγκαταλειφθεί, ίσως όχι χωρίς λύπη, η αισθητική προσέγγιση των αρχιτεκτόνων-"Βραβείων της Ρώμης" και να επιλεγεί άλλη, αυστηρότερη και πλέον επιστημονική. Η συμφωνία του 1908 υπήρξε η απαρχή μιας μακράς ιστορίας που ωφέλησε ιδιαίτερα τη Δήλο και τους Δελφούς, καθώς και τα Μάλια σε λιγότερο ωστόσο βαθμό.

Ολοι οι Δανοί αρχιτέκτονες που ακολούθησαν, ο ένας μετά τον άλλο, το δρόμο της Ελλάδας δεν ειδικεύθηκαν αργότερα στην κλασική αρχιτεκτονική, αλλά πολλοί άντλησαν στοιχεία από την εμπειρία τους για να συνεχίσουν το έργο τους, ορισμένοι μάλιστα πρόσθεσαν κάτι στην ιστορία της σύγχρονης αρχιτεκτονικής στη Δανία αλλά και στη Γαλλία. Με ευχαρίστηση θυμόμαστε λ.χ. ότι ο Johan Otto von Spreckelsen αρχιτέκτονας της Arche de la Défense στο Παρίσι, σχεδίασε τους λίθους του θησαυρού των Κνιδίων στους Δελφούς. Μεταξύ των 50 περίπου ονομάτων που συνδέονται με αυτή τη συμφωνία, πολλά ανήκουν πλέον οριστικά στη συλλογική μνήμη της Γαλλικής Σχολής Αθηνών: εκείνο του Gerhardt Poulsen, πρώτου στη σειρά, του Kaj Gottlob, ο οποίος, κατά πάσα πιθανότητα, εξασφάλισε τη συνέχεια μεταξύ της πρώτης περιόδου των αποστολών και της επόμενης, μετά τον πρώτο παγκόσμιο πόλεμο, ενώ η τρίτη περίοδος χαρακτηρίζεται από τον Gregers Algreen-Ussing και, κυρίως, τον Erik Hansen, ο οποίος φτάνοντας στην Ελλάδα το 1954,

Medlemmer af Den Franske Skole i april 1924. Billedet er hentet fra den rejserapport, som Marinus Andersen afleverede til Gottlob på Kunstakademiets arkitektskole.

Membres de l'École française d'Athènes, avril 1924. Cliché extrait du rapport de Marinus Andersen compris dans le cahier Gottlob, conservé à l'École des Beaux-Arts de Copenhague.

Μέλη της Γαλλικής Σχολής Αθηνών, Απρίλιος 1924. Φωτογραφία που περιλαμβάνεται στην αναφορά του Marinus Andersen από το τεύχος Gottlob, το οποίο φυλάσσεται στη Σχολή Καλών Τεχνών της Κοπεγχάγης.

1. Ch. Picard (directeur), 2. Alfred Laumonier, 3. E. Grate, 4. Pierre de La Coste-Messelière, 5. Pierre Roussel, 6. Yves Béquignon, 7. Ch. van Essen, 8. Henri Seyrig, 9. Jean Charbonneaux, 10. Fernand Chapouthier, 11. Marinus Andersen, 12. Jens A. Bundgaard, 13. Abbé A. Rome, 14. R. Gostkowski, 15. Georges Daux.

stedeværelse i Delfi. Hans navn er uløseligt knyttet til udgravningerne i Delfi, og han var sammen med to tidligere direktører medforfatter til to eksemplariske publikationer: én om sifniernes skathus, som han skrev sammen med Georges Daux (1987), og én om templet fra det 4.

nom demeure indéfectiblement attaché au site de Delphes, dont il cosigne avec deux anciens directeurs deux publications exemplaires, celle du trésor de Siphnos avec Georges Daux (1987) et celle du temple du IVᵉ siècle avec Pierre Amandry. Avec K. Gottlob, arrivé à Delphes

κάλυψε διάστημα μεγαλύτερο από το δεύτερο μισό της εκατονταετούς συνεργασίας μας. Με το όνομά του, άρρηκτα συνδεδεμένο με τους Δελφούς, καθώς και με αυτά δύο διευθυντών της Σχολής, συνυπογρά- φονται δύο εξαιρετικά δημοσιεύματα, ο θησαυρός των Σιφνίων με τον Georges

århundrede f.Kr. i samarbejde med Pierre Amandry. Sammen med Kaj Gottlob, som kom til i 1912 og hvis korrespondance, der opbevares i EFA's arkiver, vidner om hans interesse for helligdommen i Marmaria helt op til begyndelsen af 1970'erne, sikrede Erik Hansen kontinuiteten i den danske tilstedeværelse i Delfi. Deres samarbejde illustrerer udviklingen i forholdet mellem arkæologer og arkitekter og viser, hvordan de to faggrupper har nærmet sig hinanden i forståelsen af klassiske bygningsværker.

Afslutningen på samarbejdet skyldes ikke et brud. Årsagen skal søges i oprettelsen af Det Danske Institut i Athen, som nu er det naturlige forum for Kunstakademiets arkitekter, og i styrkelsen af samarbejdet med franske arkitektskoler, især den i Strasbourg, som nu har overtaget opgaverne uden at fornægte arven fra pionererne. *L'Atlas de Delphes* og *Le Trésor de Siphnos* er for de unge studerende, som bliver uddannet i denne tradition, uomgængelige referenceværker. Når de i dag i deres opgaver digitaliserer de tal og bogstaver, som Erik Hansen skrev med sin fyldepen, er der tale om en diskret og ikke spor overfladisk hyldest til deres store forgænger.

en 1912 et dont la correspondance conservée dans les archives de l'EFA manifeste l'intérêt pour le sanctuaire de Marmaria jusqu'au début des années 1970, il assure la continuité de la présence danoise à Delphes. A eux seuls, ils illustrent aussi ce que fut l'évolution des rapports entre l'archéologue et l'architecte au cours du siècle écoulé et de leur collaboration de plus en plus étroite pour l'intelligence des constructions antiques.

La fin de cette «liaison» n'est assurément pas la marque d'un désamour: elle est due à la création d'un institut danois, lieu d'accueil naturel pour les architectes de l'Académie des Arts de Copenhague, à l'émergence aussi de relations plus fortes avec les écoles d'architecture françaises, en particulier celle de Strasbourg, qui a pris efficacement le relais, sans jamais renier l'héritage. *L'Atlas de Delphes* ou *Le Trésor de Siphnos* constituent pour les jeunes étudiants formés dans ces filières des références incontournables. Qu'ils numérisent aujourd'hui les chiffres et les lettres dessinés à la plume par Erik Hansen pour les insérer dans leurs relevés informatiques constitue une forme d'hommage discret et moins superficiel qu'il n'y paraît.

Daux (1987) και ο ναός του 4ου π.Χ. αιώνα με τον Pierre Amandry. Ο Κ. Gottlob, που έφτασε στους Δελφούς το 1912, και του οποίου η αλληλογραφία φυλάσσεται στα αρχεία της Γαλλικής Σχολής, εκδηλώνει ιδιαίτερο ενδιαφέρον για το ιερό της Μαρμαριάς μέχρι και τις αρχές της δεκαετίας του '70, εξασφαλίζοντας συνεχή παρουσία των Δανών στο χώρο. Μελετώντας την πορεία όλων των προηγουμένων, ανακαλύπτουμε την εξέλιξη της σχέσης αρχαιολόγου και αρχιτέκτονα κατά τη διάρκεια του αιώνα που πέρασε και την ανάπτυξη της συνεργασίας τους για την κατανόηση της αρχαίας αρχιτεκτονικής.

Όμως, το τέλος αυτού του "δεσμού" δεν σημαίνει και τέλος της συνεργασίας που αναπτύχθηκε μεταξύ μας: οφείλεται κυρίως στη δημιουργία του Ινστιτούτου της Δανίας στην Αθήνα, φιλόξενου χώρου υποδοχής των αρχιτεκτόνων της Ακαδημίας Καλών Τεχνών της Κοπεγχάγης, αλλά και στην ενίσχυση των σχέσεων της Γαλλικής Σχολής με τις αρχιτεκτονικές σχολές της Γαλλίας, ιδιαίτερα με εκείνη του Στρασβούργου, που ανέλαβε να συνεχίσει το έργο με σεβασμό για όσα της κληροδοτήθηκαν. Ο Ατλας των Δελφών και ο Θησαυρός των Σιφνίων αποτελούν για τους νέους φοιτητές αυτών των ιδρυμάτων βασικές αναφορές. Οταν σήμερα ψηφιοποιούν τους αριθμούς και τα γράμματα που με το πεννάκι του σχεδίασε ο Erik Hansen, για να τα χρησιμοποιήσουν στις ψηφιακές τους αποτυπώσεις, είναι σαφές ότι αποδίδουν διακριτικά και καθόλου επιφανειακά, όπως ίσως μερικοί νομίζουν, την τιμή που του οφείλουν.

De danske Arkitekter og Arkæologien i Grækenland
Les architectes danois et l'archéologie en Grèce
Οι Δανοί αρχιτέκτονες και η αρχαιολογία στην Ελλάδα

Erik Hansen

Det er velkendt, at Brødrene Theofilus og Christian Hansen var fremragende Kendere af den græske Arkitektur, som de havde gjort til deres eget Formsprog. Christian havde endda arbejdet som Arkæolog og ledet den første Genopførelse af Niketempelet paa Akropolis. Andre betydelige danske Arkitekter besøgte Landet op gennem det 19. Aarhundrede, studerede og lod sig inspirere af den klassiske Arkitektur. Her skal omtales en anden Gruppe af danske Arkitekter, der kom til at arbejde aktivt i Udgravningerne med Opmaaling og Bygningsarkæologi.

Lad os begynde i 1892. Paa et Studenterværelse i København, om Aftenen den 3. December, stiftede en lille Gruppe Elever fra Kunstakademiets Arkitektskole en Forening, som fik Navn efter Stiftelsesdatoen: "Foreningen af 3. December 1892". Studenter er gerne i Opposition til deres Professorer og deres reaktionære Ideer. I dette Tilfælde var det den internationale Eklekticisme repræsenteret ved F. Meldahl og ligesindede. Disse unge Oprørere vilde studere og lade sig inspirere af Arkitekturen

Il est bien connu que les frères Theofilus et Christian Hansen étaient de fins connaisseurs de l'architecture grecque dont ils avaient fait leur propre langage esthétique. Christian Hansen avait même travaillé en tant qu'archéologue et dirigé la première restauration du temple d'Athéna Niké sur l'Acropole. D'autres grands architectes danois ont visité le pays durant le XIXe siècle et ont étudié l'architecture classique, s'en laissant inspirer. A ce propos, il est bon de mentionner un deuxième groupe d'architectes danois qui contribuèrent à travailler activement aux fouilles à travers les elevés et l'archéologie du bâtiment.

Commençons par l'année 1892. Dans une chambre d'étudiants à Copenhague, le soir du 3 décembre, un petit groupe d'élèves de l'école d'architecture de l'Académie des Arts fondait une association qui reçut son nom d'après le jour de sa fondation: «Association du 3 décembre 1892». Les étudiants sont souvent, comme nous le savons, en opposition avec leurs professeurs et leurs idées réactionnaires. Dans le cas présent, il s'agissait de l'éclectisme international que représentaient F. Meldahl et ses partisans. Les jeunes opposants souhaitaient étudier

Είναι γνωστό, ότι οι αδελφοί Theofilus και Christian Hansen ήταν εξαίρετοι γνώστες της ελληνικής αρχιτεκτονικής, της οποίας την αισθητική είχαν ενστερνισθεί. Ο Christian Hansen μάλιστα είχε εργασθεί ως αρχαιολόγος και είχε διευθύνει την πρώτη αναστήλωση του ναού της Νίκης στην Ακρόπολη. Και άλλοι σπουδαίοι Δανοί αρχιτέκτονες επισκέφτηκαν την Ελλάδα κατά τον 19ο αιώνα, μελέτησαν και εμπνεύστηκαν από την κλασική αρχιτεκτονική. Εδώ θα αναφερθώ σε μιαν άλλη ομάδα Δανών αρχιτεκτόνων, που εργάστηκαν ενεργά σε ανασκαφές πραγματοποιώντας αποτυπώσεις και μελετώντας τα κτίρια.

Ας αρχίσουμε από το 1892. Σε ένα φοιτητικό δωμάτιο στην Κοπεγχάγη, το βράδυ της 3ης Δεκεμβρίου, μια μικρή ομάδα φοιτητών από την αρχιτεκτονική σχολή της Ακαδημίας Καλών Τεχνών ίδρυσε ένα σύλλογο, που πήρε το όνομά του από την ημερομηνία ιδρύσεως: "Ο Σύλλογος της 3ης Δεκεμβρίου 1892". Φοιτητές συχνά βρίσκονται σε αντίθεση με τους καθηγητές τους και τις συντηρητικές τους ιδέες. Στην συγκεκριμένη περίπτωση επρόκειτο για τον διεθνή εκλεκτισμό που εκπροσωπούσε ο F. Meldahl και οι οπαδοί του. Οι νέοι

i deres eget Land, og det skulde ske, som det er naturligt for Arkitekter, gennem Opmaaling og Publicering af gode Eksempler paa dansk Arkitektur. Et andet Formaal med Foreningen, som ikke bør forbigaas, var at styrke Kammeratskabet. Det skete gennem Skitseturene rundt i Landet og gennem Festerne. Der var mange Fester. Højdepunktet var Gaasegildet paa Foreningens Fødselsdag, hvor man spiste, drak og røg Cigarer (der blev røget meget dengang), sang og holdt Taler. Kvinder havde naturligvis ikke Adgang. Foreningens Arkiv, der stadig opbevares paa Kunstakademiets Samling af Arkitekturtegninger, med Sange, Karikaturer og bidende Kommentarer til Samtidens Arkitektur, giver et Billede af Studenterlivet paa den Tid og viser andre Talenter hos de lovende unge Arkitekter. Men det er deres alvorlige Arbejde, der er Tale om her. Udadtil viste Foreningens Virke sig gennem de aarlige Udgivelser af Opmaalingsblade, der fortsatte op til 1920'erne og fik stor Betydning ved at udbrede Kendskabet til den historiske Arkitektur og bevare en Dokumentation for Bygninger, der ofte senere er stærkt ændret eller helt forsvundet. Gennem denne Virksomhed udvikledes en Opmaalingstradition, der gav sig til Kende ved en sober Tegneteknik, omhyggelig Gengivelse af Detaljerne og Interesse for Materialer og Konstruktioner. Det er fra denne Kreds, de unge Arkitekter, der kom til at arbejde i Grækenland, udgik.

Det begyndte med den første danske udgravning i Grækenland, i

et se laisser inspirer par l'architecture de leur propre pays, et cela devait se faire, comme il est naturel pour des architectes, par des elevés et par la publication de bons exemples d'architecture danoise. Un autre objectif de l'Association qu'il ne faut pas mésestimer était de renforcer les liens de camaraderie. Pour ce faire, il y eut des voyages pour faire des relevés à travers tout le pays et il y eut des fêtes. Beaucoup de fêtes. L'événement crucial était la fête anniversaire de l'Association, où l'on faisait bombance de bonnes chères et de vins et où l'on fumait des cigares (car on fumait beaucoup alors), puis on chantait et on tenait des discours. Les femmes, bien entendu, n'étaient pas admises. Les archives de l'Association, qui sont toujours conservées dans la collection de l'Académie des Arts et qui comportent des dessins d'architecture, des chansons, des caricatures et des commentaires mordants sur l'architecture contemporaine, donnent une idée de la vie estudiantine de l'époque et montrent d'autres talents de ces jeunes architectes prometteurs. Mais c'est le sérieux de leur travail que nous évoquerons ici. L'activité de l'Association était rendue publique à travers ses publications annuelles, les Carnets de relevés, qui ont perduré jusque dans les années 1920 et ont eu une grande importance en faisant connaître au public l'architecture historique et en conservant une documentation sur des bâtiments qui, plus tard, ont souvent été fortement modifiés ou ont totalement disparu. Cette entreprise a évolué en une véritable tradition du relevé, qui vit le jour à travers une technique sobre du dessin, un rendu soigné des détails et un intérêt pour les matériaux et les con-

αυτοί επαναστάτες ήθελαν να μελετήσουμε και να εμπνευστούν από την αρχιτεκτονική της δικής τους χώρας, και τούτο θα γινόταν όπως είναι φυσικό για αρχιτέκτονες μέσω των αποτυπώσεων και δημοσιεύσεων καλών δειγμάτων δανέζικης αρχιτεκτονικής. Ένας άλλος σκοπός του Συλλόγου που δεν θα πρέπει να υποτιμήσουμε, ήταν η ενίσχυση της φιλίας. Αυτό γινόταν στις εκδρομές με σκοπό την πραγματοποίηση σκαρφημάτων σε όλη την χώρα αλλά και στα γλέντια. Έγιναν πολλά γλέντια. Το κορυφαίο γλέντι γινόταν στην επέτειο του συλλόγου, και λεγόταν Γλέντι της Χήνας, όπου έτρωγαν, έπιναν και κάπνιζαν πούρα (κάπνιζαν πολύ τότε), τραγουδούσαν και έκαναν ομιλίες. Οι γυναίκες, φυσικά, δεν είχαν πρόσβαση. Το αρχείο του συλλόγου, που ανήκει στη Συλλογή Αρχιτεκτονικών Σχεδίων της Ακαδημίας Καλών Τεχνών, και περιέχει τραγούδια, καρικατούρες και αιχμηρά σχόλια για την αρχιτεκτονική της εποχής, δίνει μια εικόνα της τότε φοιτητικής ζωής και αναδεικνύει και άλλα ταλέντα των πολλά υποσχόμενων νέων αρχιτεκτόνων. Εδώ, όμως, γίνεται λόγος μόνο για τη σοβαρή τους εργασία. Προς τα έξω οι δραστηριότητες του Συλλόγου εκδηλώνονταν με τις ετήσιες εκδόσεις φυλλαδίων αποτυπώσεων, οι οποίες συνεχίστηκαν έως τη δεκαετία του 1920 και είχαν μεγάλη σημασία για τη διάδοση της γνώσης της ιστορίας της αρχιτεκτονικής καθώς και την τεκμηρίωση των οικοδομημάτων, που έχουν, από τότε, υποστεί σημαντικές μεταβολές ή έχουν τελείως εξαφανιστεί. Έτσι αναπτύχθηκε μια παράδοση αποτυπώσεων, που χαρακτηρίζεται από λιτή σχεδιαστική τεχνική, σχολαστική απόδοση των λεπτομερειών και ενδιαφέρον

Fig. 1. Plan af Templet for Athena Lindia paa Rhodos. Hans Koch, 1903.

Fig. 1. Plan du Temple d'Athéna Lindia à Rhodes. Hans Koch, 1903.

Εικ. 1. Κάτοψη του Ναού της Λινδίας Αθηνάς στην Ρόδο. Hans Koch, 1903.

Lindos paa Rhodos, ved Arkæologerne Kinch og Blinkenberg, gennemført under tre store Kampagner i Aarene 1902-05. Som Arkitekt til at udføre Arkitekturopmaalingerne valgte man i første Omgang Hans Koch, der i "3. December" havde vist Evne til Iagttagelse, Sans for Nøjagtighed og Dygtighed til Tegning (Fig. 1).

Antagelig havde Koch efter den første Kampagne ikke Lyst til at fortsætte som Arkæolog. Han havde en utrolig Evne til at forestille sig rumlige Figurer udfoldet i Plan, og efter Hjemkomsten til Danmark gav han sig til at udvikle sindrigt Legetøj som det gamle 7-klodsspil, der blev til et 12-klodsspil, eller de berømte Dyr foldet af Papir til at hænge paa Juletræet. Man kan beklage, at disse geometriske Talenter ikke kom Arkæologien til gode.

structions. C'est de ce cercle que sont sortis les jeunes architectes partis travailler en Grèce.

Cela commença par les premières fouilles danoises en Grèce, à Lindos sur l'île de Rhodes, qui furent dirigées par les archéologues Kinch et Blinkenberg et réalisées lors de trois grandes campagnes dans les années 1902 à 1905. Ce fut d'abord Hans Koch qui fut désigné pour effectuer les relevés d'architecture, car il avait montré au sein de l'Association du 3 décembre une véritable capacité d'observation, un sens de la précision et une habileté au dessin (Fig. 1).

Il semble que Koch n'ait pas eu envie de poursuivre sa carrière d'archéologue après la première campagne. Il avait une capacité extraordinaire à se représenter des figures spatiales sur un plan et, une fois rentré à Copenhague, il commença à conce-

για τα υλικά και τις κατασκευές. Από τον κύκλο αυτόν ξεκίνησαν οι νέοι αρχιτέκτονες που αργότερα θα εργάζονταν στην Ελλάδα.

Οι πρώτες ανασκαφές των Δανών στην Ελλάδα, στη Λίνδο της Ρόδου, με αρχαιολόγους τους Kinch και Blinkenberg, διεξήχθησαν σε τρεις μεγάλες ανασκαφικές περιόδους στα χρόνια 1902-1905. Ως αρχιτέκτονας υπεύθυνος για τις αποτυπώσεις ορίστηκε πρώτα ο Hans Koch, που στην "3η Δεκεμβρίου" είχε δείξει τις ικανότητές του στην παρατήρηση και ήταν ακριβής και επιδέξιος στο σχέδιο (Εικ. 1).

Πιθανώς ο Koch, μετά από την πρώτη αποστολή, δεν είχε διάθεση να συνεχίσει στο χώρο της αρχαιολογίας. Είχε μια εκπληκτική ικανότητα να αναπαριστά τις τρεις διαστάσεις στο επίπεδο, και μετά την επιστροφή του στη Δανία άρχισε να κατασκευάζει

13

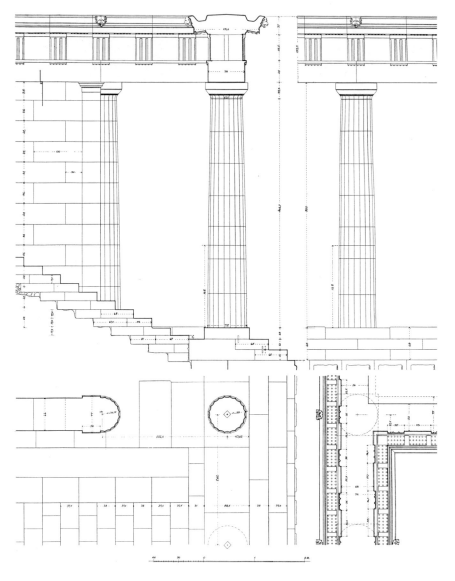

Fig. 2. Rekonstruktion af Søjlehallen ved Athena Lindia-templet. Povl Baumann, 1904.

Fig. 2. Reconstruction du portique du Temple d'Athéna Lindia. Povl Baumann, 1904.

Εικ. 2. Αναπαράσταση της στοάς του Ναού της Λινδίας Αθηνάς. Povl Baumann, 1904.

Til den følgende Kampagne maatte Kinch da finde en anden Arkitekt, og det blev Povl Baumann. Udgravningerne havde nu frilagt et stort Antal Bygningsfragmenter, og Baumann kunde gaa i Gang med Opmaaling af de enkelte Blokke og Rekonstruktionsforsøg; men han havde ingen Erfaring i den Slags Arbejde, og Arkæologerne var ikke i Stand til at

voir des jouets ingénieux comme l'ancien jeu à sept pièces devenu depuis le jeu à 12 pièces, ou bien ses célèbres pliages d'animaux en papier que l'on peut accrocher sur l'arbre de Noël. On peut regretter que ces talents géométriques n'aient pas bénéficié à l'archéologie.

Pour sa campagne suivante, Kinch dut trouver un autre architecte et ce fut Povl Baumann. Les fouilles avaient

ευφυή παιχνίδια, όπως το παλιό παιχνίδι των 7 κύβων, που εξελίχθηκε σε παιχνίδι 12 κύβων, ή να σχεδιάζει τα περίφημα ζώα πρώτα στερεομετρικά σε χαρτί, το οποίο ύστερα δίπλωναν και κρεμούσαν στο χριστουγεννιάτικο δέντρο. Κρίμα που το γεωμετρικό αυτό ταλέντο δεν ωφέλησε την αρχαιολογία.

Για την επόμενη αποστολή ο Kinch έπρεπε να βρει έναν άλλον αρχιτέκτονα, και αυτός ήταν ο Povl Baumann. Οι ανασκαφές είχαν τώρα αποκαλύψει ένα μεγάλο αριθμό οικοδομικών λειψάνων, και ο Baumann ξεκίνησε τις αποτυπώσεις των μεμονωμένων λίθων καθώς και τις προσπάθειες αναπαράστασης. Δεν είχε όμως πείρα από

Fig. 3. Boligbebyggelse i København, med Mønstermurværk i Tegl. Povl Baumann, 1930-31.

Fig. 3. Immeuble à Copenhague avec maçonnerie à motifs en briques. Povl Baumann, 1930-31.

Εικ. 3. Κατοικίες στην Κοπεγχάγη, με διακοσμητικές οπτοπλίνθους. Povl Baumann, 1930-31.

vejlede ham. Han slog ind paa den farlige Vej at tegne Stenene i deres ideelle Form og ikke i deres aktuelle Tilstand; men takket være god praktisk Sans opnaaede han hurtigt et bemærkelsesværdigt Kendskab til og Forstaaelse af den græske Arkitektur, som førte til paalidelige Rekonstruktioner (Fig. 2).

Men heller ikke i dette Tilfælde fik Arkæologien langvarig Fordel deraf. Han vender hjem til Danmark for at begynde en Karriere som praktisk Arkitekt, og gennem et langt Liv spænder hans Virksomhed fra Nyklassicismen til Funktionalismen. I sine upublicere-

mis au jour un grand nombre de fragments de bâtiments et Povl Baumann commença alors à faire des relevés de chaque bloc et des essais de reconstruction. Mais il n'avait pas d'expérience pour ce type de travail et les archéologues n'étaient pas en mesure de le conseiller. Il choisit alors une voie dangereuse, celle de dessiner les pierres selon leur forme idéale, et non pas dans leur état réel. Cependant, aidé par un bon sens pratique, il parvint rapidement à une remarquable connaissance et compréhension de l'architecture grecque qui l'amena à réaliser des reconstructions fidèles (Fig. 2).

τέτοιου είδους εργασία, και οι αρχαιολόγοι δεν ήταν σε θέση να τον καθοδηγήσουν. Διάλεξε το ριψοκίδυνο δρόμο να σχεδιάσει τους λίθους σε αποκατάσταση και όχι στην υπάρχουσα κατάστασή τους. Χάρη όμως στην στέρεα λογική του κατανόησε γρήγορα την ελληνική αρχιτεκτονική, και απέκτησε εντυπωσιακές γνώσεις, οι οποίες τον οδήγησαν σε επιτυχημένες αναπαραστάσεις (Εικ. 2).

Αλλά και πάλι η αρχαιολογία δεν ωφελήθηκε για μεγάλο διάστημα από τις προσπάθειές του. Επέστρεψε στη Δανία για να ξεκινήσει επαγγελματική σταδιοδρομία, και σε όλη του τη ζωή οι δραστηριότητές του κάλυπταν το

de Erindringer, opbevaret paa Kunstakademiets Bibliotek, siger han, at Opholdet i Grækenland har haft en umaadelig Betydning for ham. I hans gennemarbejdede Projekter og Studier af Murværkets Æstetik fornemmer man en Sans for Detaljens Betydning, som sikkert er blevet forstærket gennem Kontakten med den græske Arkitektur (Fig. 3).

Hvad Kinch angaar, maatte han endnu engang, til den tredie og sidste Kampagne, søge en Arkitekt, stadig blandt "3. December"s Medlemmer. Det blev Holger Rasmussen, en fremragende Tegner, der lige havde vundet den store Guldmedalje og det dertil hørende Rejsestipendium, som nu kunde kombineres med Turen til Rhodos. En stor Samling af Arkitekturopmaalinger i Akvarel, heldigt opbevaret paa Kunstakademiets Samling af Arkitekturtegninger, tillader at følge hans Rejse ned gennem Italien, der varer seks Maaneder, til Udskibning fra Brindisi. Paa det Tidspunkt hørte Rhodos endnu til Tyrkiet, og man sejlede over Piræus til Istanbul og derfra videre med Baad ned langs Lilleasiens Vestkyst, over Smyrna til Rhodos.

Under denne sidste store Kampagne maatte der blandt andet udarbejdes Helhedsplaner, som Rasmussen udførte suverænt paa Grundlag af et Kvadratnet udstukket af Udgravningens Topograf. Endvidere maatte der tegnes saa mange af de løse Blokke som muligt med Henblik paa den endelige Publikation. Denne fandt ikke Sted i Kinchs Tid. En langvarig Sygdom, der endte med hans Død, hindrede

Mais encore une fois, l'archéologie n'en tira que brièvement partie. Une fois rentré au Danemark, il commença une carrière d'architecte pratiquant et, toute sa vie durant, il étendit ses travaux du néoclassicisme au fonctionnalisme. Dans ses mémoires, qu'il n'a pas publiés et qui sont conservés à la bibliothèque de l'Académie des Arts, il écrit que son séjour en Grèce eut une importance incommensurable pour lui. Dans ses projets et études de l'esthétique de la maçonnerie, travaillés avec soin, on perçoit un sens pour l'importance du détail qui, sans aucun doute, s'est trouvé renforcé au contact de l'architecture grecque (Fig. 3).

Quant à Kinch, il dut encore une fois faire appel à un architecte pour sa troisième et dernière campagne, toujours parmi les membres de l'Association du 3 décembre. Le choix tomba sur Holger Rasmussen, un dessinateur exceptionnel qui avait gagné la Grande médaille d'or et la bourse d'étude qui l'accompagnait, ce qu'il combina avec son voyage à Rhodes. Une grande collection de relevés d'architecture à l'aquarelle, heureusement conservée dans la collection de l'Académie des Arts sur les dessins d'architecture, permet de suivre son voyage à travers l'Italie, un voyage qui a duré six mois jusqu'à son embarquement â Brindisi. A cette époque, Rhodes appartenait encore à la Turquie et les bateaux partaient du Pirée pour Istanbul et, de là, suivaient la côte ouest d'Asie mineure, longeant Smyrne pour débarquer à Rhodes.

Durant cette dernière campagne, il était prévu, entre autres, de réaliser des plans d'ensemble, ce qu'Holger Rasmussen réalisa magnifiquement en se fondant sur un filet quadrillé mis en

νεοκλασικισμό έως και τον φονξιοναλισμό. Στα ανέκδοτα απομνημονεύματά του, που φυλάσσονται στη Βιβλιοθήκη της Ακαδημίας Καλών Τεχνών, αναφέρει ότι η διαμονή του στην Ελλάδα είχε πολύ μεγάλη σημασία γι' αυτόν. Στις ιδιαίτερα επιμελημένες εργασίες και μελέτες του για την αισθητική της τοιχοδομίας, αντιλαμβάνεται κανείς την σημασία που απέδιδε στη λεπτομέρεια, πράγμα που σίγουρα ενισχύθηκε από την επαφή του με την ελληνική αρχιτεκτονική (Εικ. 3).

Οσον αφορά στον Kinch έπρεπε για άλλη μια φορά, στην τρίτη και τελευταία ανασκαφική περίοδο, να βρει έναν αρχιτέκτονα, πάλι ανάμεσα στα μέλη της "3ης Δεκεμβρίου". Διάλεξε τον Holger Rasmussen, έναν εξαιρετικό σχεδιαστή ο οποίος μόλις είχε κερδίσει το Μεγάλο χρυσό Μετάλλιο καθώς και Υποτροφία Μελέτης, που τώρα μπορούσε να συνδυαστεί με το ταξίδι στη Ρόδο. Μια μεγάλη συλλογή από υδατογραφίες αρχιτεκτονικών αποτυπώσεων, που ευτυχώς φυλάχθηκαν στην Συλλογή Αρχιτεκτονικών Σχεδίων στην Ακαδημία Καλών Τεχνών, μας επιτρέπει να τον παρακολουθήσουμε στο ταξίδι του μέσω Ιταλίας, το οποίο κράτησε 6 μήνες, έως τον απόπλου από το Μπρίντιζι. Εκείνη την εποχή η Ρόδος ανήκε ακόμα στην Τουρκία, και το πλοίο πήγαινε από τον Πειραιά στην Κωνσταντινούπολη και από κει κατά μήκος των παραλίων της Μικράς Ασίας μέσω Σμύρνης στην Ρόδο.

Κατά την τελευταία αυτή μεγάλη αποστολή έπρεπε να ολοκληρωθούν οι γενικές κατόψεις, τις οποίες πραγματοποίησε με εξαιρετικό τρόπο ο Rasmussen βάσει κανάβου τον οποίο είχε ορίσει ο τοπογράφος των ανα-

Fig. 4. Det var ikke blot Antikkens Arkitektur, der udfordrede de danske Arkitekter. Også traditionel Bebyggelse i den middelalderlige Landsby Lindos blev opmålt. Holger Rasmussen, 1905.

Fig. 4. Ce n'était pas seulement l'architecture antique qui intéressait les architectes danois. Une maison traditionnelle du village médiéval de Lindos a été mesurée. Holger Rasmussen, 1905.

Εικ. 4. Οι Δανοί αρχιτέκτονες δεν ασχολήθηκαν αποκλειστικά με την αρχαία αρχιτεκτονική. Αποτύπωσαν επίσης παραδοσιακή οικία στο μεσαιωνικό οικισμό της Λίνδου. Holger Rasmussen, 1905.

ham i at fuldføre dette Værk, og de tre Arkitekters Arbejde kom til at henligge i Skufferne i et halvt Aarhundrede.

Det blev en fjerde Arkitekt, Ejnar Dyggve, som ikke selv havde deltaget i Udgravningerne, der kom til at publicere dem paa et Tidspunkt, hvor mange Detaljer var forsvundet eller ændret ved senere Restaureringer. Det var denne Udgravnings Ulykke, at man havde anvendt skiftende Arkitekter som Tegnere og ladet dem klare sig hver for sig efter bedste Evne uden Helhedsplan for at samle deres Arbejder.

Hvad Holger Rasmussen angaar, interesserede han sig, som mange andre Arkitekter før og siden, ogsaa for den traditionelle Arkitektur, som stadig var levende mange Steder i Grækenland, og ved Siden af sit Arbejde i Udgravningerne fik han Tid til at opmaale et af de interessante Bolighuse i Lindos og nogle af Korsfarernes Bygninger, som han senere spredte Kendskab til gennem Artikler i *Architekten* (Fig. 4). Som Baumann fortsatte han sin Karriere som praktiserende Arkitekt, men paa en Maade, som ikke blev synlig for Hvermand: hans Hovedværk blev Frimurerlogen paa Blegdamsvej (1924-27).

Imidlertid fik Udgravningerne en vigtig Følge for de danske Arkitekter. Af og til mødte man Arkæologer fra andre Lande, saaledes Direktøren for Den Franske Arkæologiske Skole i Athen, Maurice Holleaux, som ved den Lejlighed saa Baumanns Tegninger, hvilket gjorde ham saa begejstret, at han skrev til Direktøren for Kunstakademiet i København og tilbød

place par le topographe des fouilles. En outre, il s'agissait de dessiner autant de blocs détachés que possible, destinés à paraître dans la publication finale. Cela ne se fit pas dans la période de Kinch. Celui-ci décéda après une longue maladie, ce qui l'empêcha d'achever son œuvre. Le travail des trois architectes fut abandonné dans des tiroirs pendant un demi-siècle.

C'est un quatrième architecte, Ejnar Dyggve, qui, bien qu'il n'ait pas lui-même participé aux fouilles, fit publier ces travaux à une époque où beaucoup de détails avaient disparu ou changé à la suite de restaurations ultérieures. Le malheur de cette fouille fut l'utilisation successive d'architectes et de dessinateurs livrés à eux-mêmes. Ils avaient fait de leur mieux, mais sans plan d'ensemble pour rassembler tous leurs travaux.

Quant à Holger Rasmussen, il s'intéressait lui aussi, comme beaucoup d'autres architectes avant lui et après lui, à l'architecture traditionnelle qui était encore vivante dans de nombreux lieux de Grèce. A côté de son travail dans les fouilles, il trouva le temps de faire les relevés d'une des habitations intéressantes de Lindos et de quelques-uns des bâtiments des Croisés. Il les rendit publics à travers une série d'articles dans la revue *L'Architecte* (Fig. 4). Comme Povl Baumann, il poursuivit sa carrière comme architecte pratiquant, mais d'une manière qui n'était pas visible par tous: son ouvrage principal fut la Loge des francs-maçons sur le boulevard de Blegdamsvej à Copenhague (1924-27).

Or les fouilles eurent une conséquence importante pour les architectes danois. De temps en temps, on rencontrait des archéologues d'autres

σκαφών. Επιπλέον, θα έπρεπε να σχεδιαστούν όσο το δυνατόν περισσότεροι από τους μεμονωμένους λίθους με σκοπό την τελική δημοσίευση. Αυτό δεν έγινε όσο ζούσε ο Kinch. Μια μακρόχρονη ασθένεια που κατέληξε στο θάνατο, τον εμπόδισε να ολοκληρώσει το έργο του, και οι εργασίες των τριών αρχιτεκτόνων έμειναν στα συρτάρια επί μισόν αιώνα.

Τελικά τις δημοσίευσε ένας τέταρτος αρχιτέκτονας, ο Ejnar Dyggve, που δεν είχε συμμετάσχει ο ίδιος στις ανασκαφές, όταν πολλές λεπτομέρειες είχαν πλέον εξαφανιστεί ή μεταβληθεί από μεταγενέστερες αποκαταστάσεις. Το γεγονός ότι χρησιμοποιήθηκαν διαφορετικοί αρχιτέκτονες, που εργάστηκαν μόνοι τους, ο καθένας χωριστά και όσο μπορούσε καλύτερα, αλλά χωρίς γενική κάτοψη που να συγκεντρώνει τις εργασίες τους, αποτελεί ατυχία για τις ανασκαφές αυτές.

Όσον αφορά στον Holger Rasmussen, τον ενδιέφερε – όπως πολλούς άλλους αρχιτέκτονες, παλαιότερους και νεότερους – και η παραδοσιακή αρχιτεκτονική, που ήταν ζωντανή ακόμα σε πολλά μέρη της Ελλάδας, και εκτός από την εργασία του στις ανασκαφές βρήκε τον χρόνο να αποτυπώσει μια από τις ενδιαφέρουσες κατοικίες στη Λίνδο και μερικά από τα κτήρια των σταυροφόρων, που τα δημοσίευσε αργότερα στο περιοδικό *Architekten* ("Ο Αρχιτέκτων") (Εικ. 4). Συνέχισε όπως ο Baumann τη σταδιοδρομία του ως ενεργός αρχιτέκτονας, αλλά μέ έναν τρόπο, που δεν ήταν φανερός στον καθένα: Το κύριο έργο του ήταν η Στοά των Τεκτόνων στην οδό Blegdamsvej στην Κοπεγχάγη (1924-27).

Ωστόσο, οι ανασκαφές είχαν ένα

hvert Aar at modtage en dansk Arkitekt, som skulde arbejde i Udgravningerne sammen med de franske Arkæologer. Det blev Begyndelsen til en lang Tradition, som har fortsat, op til vor Tid.

For at forstaa Holleauxs Reaktion maa vi bemærke, at Den Franske Skole tidligere havde benyttet sig af et Samarbejde med de talentfulde franske Arkitekter, der havde vundet "Grand Prix de Rome", der gav Adgang til at opholde sig tre Aar i Italien, hvoraf det ene kunde henlægges til Grækenland. Men disse Arkitekter kom med Ambitioner, der ikke var forenelige med Kravene i en videnskabelig Udgravning. For at redegøre for Resultaterne af deres Studier, skulde de hvert Aar hjemsende et Antal Tegninger, "Restaureringsprojekter", hvor det var tilladt at fantasere ud fra de bevarede Ruiner, og hvor der blev lagt vægt paa Tegningernes spektakulære Fremtræden. Det drejede sig ofte om 3-4 Meter lange farvelagte Plancher. De danske Arkitekter derimod, som på den Tid var uddannet i "3. December"s Tradition, kom gerne til Grækenland som beskedne Tegnere med den ene Ambition at fremstille deres Iagttagelser saa redeligt som muligt. Den første danske Arkitekt paa Den Franske Skole efter denne Aftale var Gerhardt Poulsen, som kom til at arbejde i Holleauxs Udgravning paa Delos fra 1908 til 1914. Arkitektens Opgave var her i første Omgang at tegne de mange fremgravede Bygningssten, senere i Samarbejde med Arkæologerne at udarbejde Rekonstruktionsforslag, mens Teksten og Forelæggelsen i Publika-

pays et ce fut le cas, notamment, du directeur de l'École française d'Athènes, Maurice Holleaux. Lorsque celui-ci vit les dessins de Povl Baumann, il fut si enthousiaste qu'il écrivit au directeur de l'Académie des Arts de Copenhague et lui proposa de recevoir chaque année un architecte danois qui pourrait travailler dans les sites des fouilles avec des archéologues français. Ce fut le début d'une longue tradition qui s'est poursuivie jusqu'à nos jours.

Pour comprendre la réaction de Maurice Holleaux, il faut préciser que l'École française avait engagé une coopération avec des architectes français de talent qui avaient gagné le "Grand Prix de Rome", ce qui leur donnait droit à séjourner pendant trois ans en Italie, dont une année pouvait se passer en Grèce. Mais ces architectes arrivaient avec des ambitions qui n'étaient pas compatibles avec les exigences des fouilles scientifiques. Pour rendre compte des résultats de leurs études, ils devaient envoyer chaque année un nombre de dessins dits «Projets de restauration», où il était permis d'extrapoler sur les ruines conservées et qui étaient jugés d'après le côté spectaculaire de leur apparence. Il s'agissait le plus souvent de planches en couleurs de trois à quatre mètres de long. Les architectes danois, en revanche, qui étaient formés à cette époque dans la tradition de l'Association du 3 décembre, arrivaient en Grèce comme de modestes dessinateurs ayant pour seule ambition de réaliser des études aussi rigoureuses que possible.

Le premier architecte danois à travailler pour l'École française suivant les termes de cet accord fut Gerhardt Poulsen. Il travailla sur le site des

σημαντικό αποτέλεσμα για τους Δανούς αρχιτέκτονες. Συναντήθηκαν με αρχαιολόγους από άλλες χώρες, και έτσι γνωρίστηκαν με τον διευθυντή της Γαλλικής Αρχαιολογικής Σχολής στην Αθήνα, τον Maurice Holleaux, που όταν είδε τα σχέδια του Baumann ενθουσιάστηκε τόσο ώστε έγραψε γράμμα στον διευθυντή της Ακαδημίας Καλών Τεχνών στην Κοπεγχάγη και πρότεινε κάθε χρόνο να δέχεται έναν Δανό αρχιτέκτονα για να εργαστεί στις ανασκαφές μαζί με τους Γάλλους αρχαιολόγους. Έτσι δημιουργήθηκε μια παράδοση που συνεχίζεται έως τις μέρες μας.

Για να κατανοήσει κανείς την αντίδραση του Holleaux πρέπει να αναφέρουμε ότι η Γαλλική Σχολή παλαιότερα είχε επωφεληθεί από μια συνεργασία με τους ταλαντούχους Γάλλους αρχιτέκτονες, που είχαν κερδίσει το βραβείο "Grand Prix de Rome", που τους επέτρεπε να διαμένουν τρία χρόνια στην Ιταλία, από τα οποία το ένα μπορούσαν να το περάσουν στην Ελλάδα. Οι αρχιτέκτονες αυτοί, όμως, είχαν φιλοδοξίες που δεν ήταν συμβατές με τις απαιτήσεις μιας επιστημονικής ανασκαφής. Έπρεπε κάθε χρόνο να δώσουν αναφορά για τα αποτελέσματα των μελετών τους στέλνοντας σχέδια, τις "Μελέτες αποκατάστασης", όπου τα σωζόμενα ερείπια το επέτρεπαν. Οι μελέτες κρίνονταν κυρίως από τον εντυπωσιακό τρόπο παρουσίασής τους. Συχνά οι πινακίδες είχαν μήκος 3 - 4 μέτρων και ήταν έγχρωμες. Αντιθέτως, οι Δανοί αρχιτέκτονες, εκπαιδευμένοι στην παράδοση της "3ης Δεκεμβρίου", έρχονταν στην Ελλάδα ως ταπεινοί σχεδιαστές με μια και μόνη φιλοδοξία: να μελετήσουν το αντικείμενό τους με τον καλύτερο δυνατόν τρόπο.

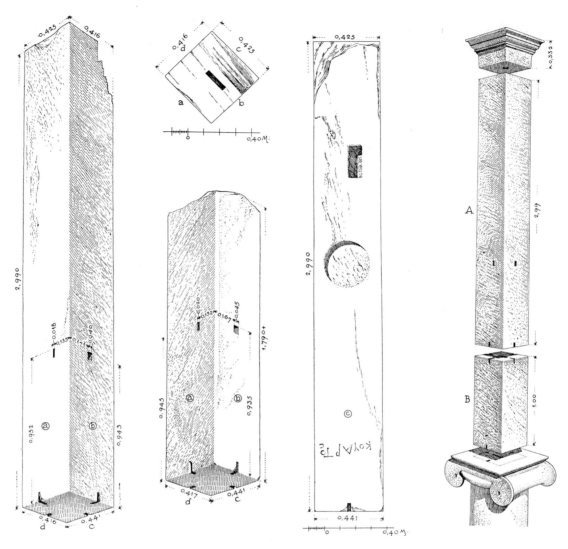

Fig. 5. Bygningsfragmenter fra "Salle hypostyle" paa Delos. Gerhardt Poulsen, 1914.

Fig. 5. Fragments de construction provenant de la «Salle hypostyle» à Délos. Gerhardt Poulsen, 1914.

Εικ. 5. Αρχιτεκτονικά μέλη από την "Υπόστυλη Αίθουσα" στη Δήλο. Gerhardt Poulsen, 1914.

tionerne helt var overladt til Arkæologerne (Fig. 5).

Poulsen nøjede sig dog ikke med udelukkende at tegne, men deltog ogsaa aktivt i Udforskningen gennem selvstændige Undersøgelser og Artikler. Et Udtryk for Skolens Værdsættelse af Samarbejdet, faar man gennem et Brev, som Holleaux

fouilles de Maurice Holleaux à Délos, de 1908 à 1914. La tâche de l'architecte était surtout de dessiner les nombreuses pierres des bâtiments mis au jour, puis, avec les archéologues, d'élaborer des propositions de restitution, laissant aux archéologues le soin de rédiger le texte et la présentation dans les publications (Fig. 5).

Ο πρώτος Δανός αρχιτέκτονας στη Γαλλική Σχολή, μετά από τη συμφωνία Δανών και Γάλλων, ήταν ο Gerhardt Poulsen, που έμελλε να εργαστεί στις ανασκαφές του Holleaux στην Δήλο από το 1908 έως το 1914. Η εργασία του αρχιτέκτονα εδώ συνίστατο πρώτα-πρώτα στο να σχεδιάσει πλήθος οικοδομικών λίθων προερ-

sendte til Direktøren for Kunstakademiet i København: "L'Ecole Française har i ham fundet den ivrigste, den virksomste, den mest sagkyndige – og tillige den mest elskværdige – Medarbejder, alle hans Tegninger er beundringsværdige i Retning af videnskabelig Bestemthed, Nøjagtighed og Sirlighed." Desværre blev denne lovende Karriere afbrudt ved hans tidlige Død under en af de store Epidemier, der fulgte efter den første Verdenskrig.

Samtidig med Poulsen arbejdede ogsaa Axel Maar, der kom til at udføre den store Helhedsplan af de nu afsluttede store Udgravninger paa Delos. Herefter fulgte Sven Risom, der ligeledes blev flere Aar paa Delos, men som ogsaa var virksom paa flere andre af Skolens Udgravninger. Hans Interesse for Arkæologien synes dog mindre udtalt. Da man efter Krigen søger at faa ham tilbage, er Svaret: "Jeg gaar nu mod den moderne Tid, og Den Franske Skole er kun et smukt og godt Minde". Et tydeligt Resultat af hans Erfaringer fra Grækenland finder man dog i hans store Interesse for Bygning i Ler, som han forsøger at indføre i Danmark gennem Publikationer og udførte Projekter. Saaledes kan man i en Forstad til København støde paa græske Konstruktioner iført en nordisk Klædedragt.

Ud over Poulsen er der fra Tiden før den første Verdenskrig (som omfatter syv Navne) to som gør sig særligt bemærket ved deres Interesse for Arkæologien: Clemmensen og Gottlob. I Samarbejde med Charles Dugas studerede Mogens Clem-

Gerhardt Poulsen ne se contenta pas exclusivement de dessiner, mais participa activement aux recherches à travers des études et des articles indépendants. L'estime de l'École française pour cette coopération s'exprime parfaitement dans cette lettre envoyée par Maurice Holleaux au directeur de l'Académie des Arts de Copenhague: «L'École française a trouvé en lui le collaborateur le plus enthousiaste, le plus efficace, le plus compétent, mais aussi le plus charmant qui soit. Tous ses dessins sont admirables en terme de fermeté, de précision et d'élégance». Malheureusement, cette prometteuse carrière fut interrompue par sa mort subite durant l'une des grandes épidémies qui suivit la première guerre mondiale.

Avec Gerhardt Poulsen, travaillait également Axel Maar pour la réalisation du grand plan d'ensemble des grandes fouilles de Délos qui étaient alors achevées. Suivit Sven Risom, qui passa lui aussi plusieurs années à Délos, ainsi que sur d'autres sites de fouilles de l'École. Son intérêt pour l'archéologie semble cependant moins prononcé. Lorsqu'on essaie de le faire revenir après la guerre, sa réponse est la suivante: «Je suis en route vers les temps modernes, et l'École française n'est qu'un bel et bon souvenir». L'un des résultats perceptibles de ses expériences de la Grèce se retrouve cependant dans son grand intérêt pour les bâtiments en terre, un intérêt qu'il a essayé d'introduire au Danemark à travers ses publications et les projets qu'il a réalisés. C'est ainsi que l'on peut rencontrer des constructions grecques revêtues d'une parure nordique dans l'une des banlieues de Copenhague.

χόμενων από κτήρια που ανασκάφηκαν, και αργότερα, σε συνεργασία με τους αρχαιολόγους, να μελετήσει προτάσεις αναπαράστασης, ενώ τα κείμενα και η παρουσίαση στις δημοσιεύσεις ήταν αποκλειστικό μέλημα των αρχαιολόγων (Εικ. 5).

Ο Poulsen δεν αρκέστηκε όμως μόνο στα σχέδια, αλλά συμμετείχε ενεργά και στην έρευνα με ανεξάρτητες μελέτες και άρθρα. Μια έκφραση της εκτίμησης της Σχολής για την συνεργασία αυτή μας δίνει ένα γράμμα, που ο Holleaux έστειλε στο διευθυντή της Ακαδημίας Καλών Τεχνών στην Κοπεγχάγη: "Η Γαλλική Σχολή βρήκε σ'αυτόν τον πιο πρόθυμο, τον πιο δραστήριο, τον πιο ικανό - και επιπλέον τον πιο ευγενή - συνεργάτη. Όλα τα σχέδιά του είναι αξιοθαύμαστα όσον αφορά στην επιστημονική σταθερότητα, στην ακρίβεια και στην κομψότητα". Δυστυχώς η πολλά υποσχόμενη αυτή σταδιοδρομία διακόπηκε με τον πρόωρο θάνατό του κατά τη διάρκεια της μεγάλης επιδημίας, αμέσως μετά τον Πρώτο Παγκόσμιο Πόλεμο.

Ο Axel Maar συνεργάστηκε με τον Poulsen στη σχεδίαση της γενικής κάτοψης των εκτεταμένων ανασκαφών στη Δήλο, που τώρα είχαν τελειώσει. Ακολούθησε ο Sven Risom, που και αυτός έμεινε πολλά χρόνια στη Δήλο, δραστηριοποιήθηκε όμως και σε πολλές άλλες ανασκαφές της Σχολής. Το ενδιαφέρον του για την αρχαιολογία ήταν λιγότερο φανερό. Όταν μετά από τον πόλεμο επιχείρησαν να τον ξανακαλέσουν, η απάντηση ήταν: "Τώρα βαδίζω προς την σύγχρονη εποχή, και η Γαλλική Σχολή είναι απλώς μια όμορφη και καλή ανάμνηση". Από τις εμπειρίες του στην Ελλάδα διαφαίνεται το

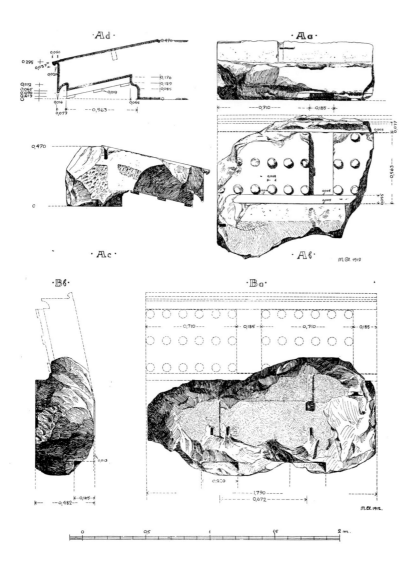

Fig. 6. Fragment af Gesims fra Athena
Alea-templet i Tegea. Mogens
Clemmensen, 1913.

Fig. 6. Fragment de chapiteau du
temple d'Athéna Alea à Tégée.
Mogens Clemmensen, 1913.

Εικ. 6. Απόσπασμα γείσου από το ναό
της Αλέας Αθηνάς στη Τεγέα. Mogens
Clemmensen, 1913.

μεγάλο του ενδιαφέρον για τα οικοδο-
μήματα από πηλό, τα οποία προσπαθεί
να εισάγει στη Δανία μέσω δημοσιεύ-
σεων και μελετών. Έτσι λοιπόν σε ένα
προάστιο της Κοπεγχάγης συναντάμε
ελληνικού τύπου κατασκευές σε
"βόρεια" εκτέλεση.

Λίγο πριν τον Πρώτο Παγκόσμιο
Πόλεμο διακρίνουμε, εκτός από τον
Poulsen, δυο ακόμη αρχιτέκτονες που
ξεχωρίζουν λόγω του ενδιαφέροντός
τους για την αρχαιολογία: τον Clem-
mensen και τον Gottlob. Ο Mogens
Clemmensen σε συνεργασία με τον
Charles Dugas έκανε μια μελέτη για το
ναό στην Τεγέα, που κατέληξε σε
πλήρη δημοσίευση με εντυπωσιακή
συμβολή του Clemmensen: 80 πινακίδες
με αποτυπώσεις και αποκαταστάσεις,
ένα πολύ επιμελημένο σύνολο με
ομοιόμορφη σχεδιαστική τεχνική και
απόδοση επιστημονικών παρατηρήσεων
(Εικ. 6).

Υπήρχε στενή συνεργασία μεταξύ

mensen Tempelet i Tegea, som
resulterede i en fuldstændig Pub-
likation, hvor Clemmensens Bidrag
var overvældende: 80 Plancher med
Opmaalinger og Rekonstruktioner,
en gennemarbejdet Helhed i ens-
artet Tegneteknik og Gengivelse af
videnskabelige Iagttagelser (Fig. 6).

Det var et nært Samarbejde mel-
lem Arkæolog og Arkitekt, og da
man naaede til Publikationen, og
Frankrig var udmattet efter Krigen,
traadte det danske Bask-Ørstedfond

Dans cette période d'avant la
Première Guerre Mondiale (qui
compte sept noms), outre Gerhardt
Poulsen, deux personnes firent parler
d'elles par leur intérêt pour l'archéo-
logie. Il s'agit de Clemmensen et de
Gottlob. Mogens Clemmensen étudia
avec Charles Dugas le temple de
Tégée, ce qui aboutit à une publica-
tion très complète dans laquelle la
contribution de Clemmensen fut
énorme: 80 planches avec des relevés
et des reconstructions, un ensemble

Fig. 7. Tholos i Delfi. Rekonstruktion, tidligt Forslag og senere. Kaj Gottlob, 1912, 1923 og 1962.

Fig. 7. La Tholos de Delphes. Reconstruction, première suggestion et plus tardivement. Kaj Gottlob, 1912, 1923 et 1962.

Εικ. 7. Η θόλος στους Δελφούς, αναπαράσταση, παλαιότερη και μεταγενέστερη πρόταση. Kaj Gottlob, 1912, 1923 και 1962.

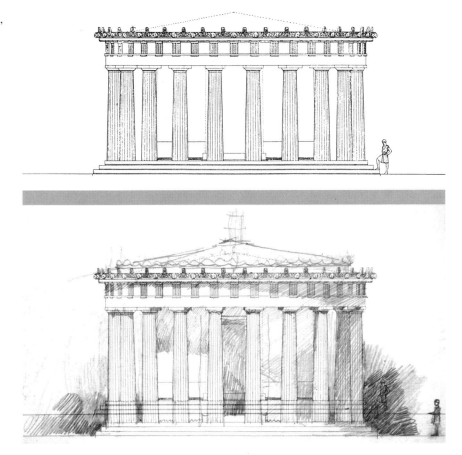

til med Hjælp. I Mellemtiden var Clemmensen blevet engageret i dansk Arkæologi, Restaurering og Undersøgelse af romanske Kirker og Trækonstruktioner, hvor hans Indsats var lige saa betydningsfuld som i Grækenland. Dér skulde man dog genfinde ham endnu engang som Deltager i den danske Udgravning i Kalydon (1926-28).

Paa samme Tid, lidt før og efter Krigen, finder vi Kaj Gottlob i Delfi, hvor han arbejder paa Tholossen, først alene, siden sammen med den franske Arkæolog Charbonneaux, atter et Eksempel paa et vellykket Samarbejde, der resulterede i en fuldstændig Pub-

soigné, réalisé avec une technique de dessins homogène et un exposé d'observations scientifiques (Fig. 6).

Il existait une étroite collaboration entre l'archéologue et l'architecte et, au moment de la publication, alors que la France sortait épuisée de la guerre, la fondation Bask-Ørsted proposa son aide. Entre-temps, Mogens Clemmensen avait été engagé dans l'archéologie danoise, la restauration et l'examen d'églises romanes et de constructions en bois et, là encore, ses contributions furent aussi importantes qu'en Grèce. Mais il participa également aux fouilles danoises de Calydon (1926-1928).

A'la même époque, un peu avant et

του αρχαιολόγου και του αρχιτέκτονα και όταν έφτασαν στη δημοσίευση, καθώς η Γαλλία ήταν εξαντλημένη μετά από τον πόλεμο, το ίδρυμα του Bask-Ørsted της Δανίας προσέφερε βοήθεια. Εν τω μεταξύ ο Clemmensen είχε δραστηριοποιηθεί στην δανέζικη αρχαιολογία, αναστήλωση και μελέτη ρωμανικών εκκλησιών και ξύλινων κατασκευών, όπου η συμβολή του ήταν εξ ίσου σημαντική όπως στην Ελλάδα. Όμως, ακόμη μια φορά, θα τον συναντήσουμε να συμμετέχει στις δανέζικες ανασκαφές στην Καλυδώνα (1926-28).

Την ίδια εποχή, λίγο πριν και μετά τον πόλεμο, ο Kaj Gottlob εργάζεται στους Δελφούς, όπου μελετά τη Θόλο,

likation, desværre med en alvorlig Fejl: Øjensynlig paavirket af den Opfattelse, at denne perfekte Bygning maatte være fra det V Aarhundrede og have den Tids Proportioner, rekonstrueredes Højden for lav. Først i 1938, da man vilde genrejse Søjlerne, blev det klart, at de indeholdt fem Tromler i Stedet for fire, og da forstod man ogsaa, at Bygningen maatte tilhøre det IV Aarhundrede (Fig. 7).

Men Gottlobs Interesse for Tholossen svigtede aldrig. Han kom flere Gange tilbage for at kontrollere og korrigere sine Tegninger, og saa sent som i 1962 giver han med en Skitse af Tholossens Loft og et Citat fra "Guldhornene": "... da Himlen var paa Jorden, giv et Glimt tilbage!" sin Kærlighedserklæring til den græske Arkitektur: "... dette glimt er en stjerne fra tolosen i Delfi på marmorblokkene der er loft i søjleomgangen ... at arbejde med den græske arkitektur fra den store tid er et arbejde i arkitekturens klareste solskin i det skarpe lys hvor denne arkitektur viser de svimlende tinder som den alene naar".

Efter Hjemkomsten blev Gottlob tilknyttet Kunstakademiets Arkitektskole, først som Assistent, siden som Professor, og her tog han sig blandt andet af Undervisningen i Opmaaling. Det er sandsynligvis ham, der genoplivede Kontakten med Den Franske Skole og udvalgte de Arkitekter, der blev sendt derned i Mellemkrigsaarene, og som nu navnlig kom til at arbejde i Delfi. Krævende som han var, opnaaede han af hver af disse (ni Navne i den Periode) en Rejserapport, opstillet efter en bestemt

après la guerre, Kaj Gottlob travailla à Delphes sur la Tholos, seul d'abord, puis avec l'archéologue français Charbonneaux. Encore une fois, ce fut un exemple de coopération réussie qui se conclut par une publication complète, mais malheureusement avec une erreur importante: visiblement sous l'influence d'une certitude que ce bâtiment parfait devait être du Vᵉ siècle et avoir les proportions de son temps, la reconstruction qui fut réalisée avait une hauteur insuffisante. C'est seulement en 1938, lorsqu'on voulut relever les colonnes que l'on s'aperçut que celles-ci comportaient cinq tambours et non quatre et que l'on comprit que le bâtiment devait être du IVᵉ siècle (Fig. 7).

Mais l'intérêt de Gottlob pour la Tholos ne disparut jamais. Il revint plusieurs fois pour vérifier et corriger ses dessins et, tardivement, en 1962, il donna, en même temps qu'une esquisse du plafond de la Tholos et qu'une citation des «Cornes d'or» d'Adam Oehlenschläger: «... lorsque le ciel était sur terre, donnez-nous de le revoir juste un instant !», sa déclaration d'amour pour l'architecture grecque: «... cet instant est une étoile de la Tholos de Delphes sur les blocs de marbre qui forment le plafond du péristyle ... travailler sur l'architecture grecque de la grande époque, c'est travailler dans la luminosité la plus pure de l'architecture, où cette architecture montre les plus hautes cimes qu'elle seule atteindra».

A son retour, Gottlob travailla pour l'école d'architecture de l'Académie des Arts, d'abord en tant qu'assistant, puis comme professeur. Il s'occupa, entre autres, de l'enseignement des relevés. C'est sans doute lui qui fit

πρώτα μόνος του, έπειτα μαζί με τον Γάλλο αρχαιολόγο Charbonneaux. Υπόδειγμα και πάλι μιάς πετυχημένης συνεργασίας, που είχε ως αποτέλεσμα την ολοκληρωμένη δημοσίευση, δυστυχώς όμως με ένα σοβαρό λάθος: προφανώς επηρεασμένος από την αντίληψη, ότι το τέλειο αυτό κτίσμα θα έπρεπε να είναι του 5ου αιώνα και να έχει τις διαστάσεις της εποχής εκείνης, το αναστήλωσε έχοντας υπολογίσει πολύ χαμηλό ύψος. Μόλις το 1938, όταν θέλησαν εκ νέου να αναστηλώσουν τους κίονες, έγινε φανερό, ότι αποτελούνταν από πέντε σπονδύλους αντί τέσσερις, και τότε έγινε αντιληπτό, ότι το κτίσμα θα πρέπει να ανήκει στον 4ο αιώνα (Εικ. 7).

Ωστόσο, το ενδιαφέρον για τη θόλο δεν εγκατάλειψε ποτέ τον Gottlob. Επέστρεφε πολλές φορές για να ελέγξει και να διορθώσει τα σχέδιά του, και πολύ αργότερα, το 1962, δηλώνει την αγάπη του για την ελληνική αρχιτεκτονική, κάνοντας ένα σκαρίφημα της οροφής της θόλου συνοδευόμενο από απόσπασμα του ποιήματος "Τα Χρυσά Κέρατα" του Adam Oehlenschläger: "...απ' όταν ο ουρανός ήταν στη γη, δώσε πίσω μια αναλαμπή!"... η αναλαμπή αυτή είναι ένα άστρο από τη θόλο των Δελφών από τους μαρμάρινους λίθους που σχηματίζουν την οροφή του περιστυλίου ... μελετώντας την ελληνική αρχιτεκτονική της μεγάλης εποχής είναι σαν να εργάζεσαι στο λαμπρότερο φως της αρχιτεκτονικής, όπου η αρχιτεκτονική αυτή δείχνει τις ιλιγγιώδεις κορυφές που μόνο αυτή φτάνει".

Οταν επέστρεψε στη Δανία ο Gottlob προσλήφθηκε στην Αρχιτεκτονική Σχολή της Ακαδημίας Καλών Τεχνών, αρχικά ως βοηθός, μετά ως

Model, hvor den paagældende gjorde rede for sit Arbejde, Udflugter i Grækenland og Indtryk af Landet. Alle disse Rapporter, der findes paa Kunstakademiet, giver Udtryk for Begejstring over den græske Arkitektur, som de lærte at kende gennem deres Opmaalinger, Oplevelsen af Landet, Kontakten med Befolkningen og den traditionelle Kultur, Kammeratskabet med de unge franske og udenlandske Arkæologer paa Skolen. Alt dette blev en Oplevelse og en Inspiration gennem hele deres professionelle Liv.

Denne Periode mellem de to Krige er dog præget af Uheld i Samarbejdet mellem Arkitekt og Arkæolog, enten fordi den sidste slet ikke var udpeget, eller fordi han ikke var tilstede eller interesserede sig for Arkitektur. Saaledes klager den Arkitekt, der havde faaet tildelt Cyrenernes Skatkammer, over at Arkæologen, selv om han opholder sig i Delfi, udelukkende er optaget af Indskrifter. Paa den Maade endte Opmaalingerne af Kalkstenstemplet i Marmaria, Sifniernes, Thebanernes og Cyrenernes Skatkamre alle i Skuffernes Mørke, og da Studiet af disse Bygninger endelig blev genoptaget en Generation senere af en anden Arkæolog og en anden Arkitekt, maatte man begynde forfra i en anden Aand. Hvad den Arkitekt, der arbejdede paa Delos, angaar, saa endte Rullen med hans Tegninger paa Bunden af Havnen i Mykonos, tabt af den Arkæolog der skulde bringe dem til Athen.

Til de Arbejder, der naaede at blive færdige og afsluttede, hører P.E. Hoff og M.L. Stephensens

revivre le lien avec l'École française et choisit les architectes qui y furent envoyés dans les années d'entre-deux-guerres et qui, certainement, ont travaillé à Delphes. Exigeant comme il l'était, il obtint que chacun d'entre eux (neuf noms pour cette période) lui envoie un rapport de voyage présenté selon un modèle particulier, où la personne devait expliquer son travail, ses déplacements en Grèce et ses impressions du pays. Tous ces rapports, qui se trouvent à l'Académie des Arts, expriment l'enthousiasme de ces architectes pour l'architecture grecque qu'ils apprirent à connaître à travers leurs relevés, leur vécu dans le pays, les contacts avec la population et la culture traditionnelle ainsi que leur camaraderie avec les jeunes archéologues français et étrangers de l'École. Tout ce vécu fut source d'inspiration tout au long de leur vie professionnelle.

Cette période d'entre-deux-guerres fut cependant marquée par des incidents dans la coopération entre l'architecte et l'archéologue, parce que celui-ci n'avait pas été désigné ou parce qu'il n'était pas sur place ou encore parce qu'il ne s'intéressait pas à l'architecture. C'est ainsi qu'un architecte, qui s'était vu attribuer le trésor de Cyrène, se plaint de ce que l'archéologue, alors qu'il séjourne à Delphes, ne s'intéresse qu'aux inscriptions. Les relevés du temple en calcaire de Marmaria et les trésors de Siphnos, des Thébains et de Cyrène sont tous restés dans des tiroirs ; et lorsque l'étude de ces bâtiments reprit enfin, une génération plus tard, avec un autre archéologue et un autre architecte, il fallut recommencer depuis le début et dans un autre esprit. Quant à l'architecte qui travaillait sur le site de Délos, le rouleau contenant

καθηγητής, όπου μεταξύ άλλων είχε αναλάβει τα μαθήματα αποτυπώσεων. Πιθανώς ήταν εκείνος που ξαναζωντάνεψε την επαφή με τη Γαλλική Σχολή και επέλεγε αρχιτέκτονες που εστάλησαν εκεί στα μεσοπολεμικά χρόνια, και που κυρίως έμελλε να εργαστούν στους Δελφούς. Ήταν απαιτητικός και ζητούσε από τον καθένα τους (εννέα αρχιτέκτονες εκείνη την περίοδο) μια ταξιδιωτική έκθεση, βάσει συγκεκριμένου προτύπου, όπου έκαστος εξέθετε την εργασία του, τις εκδρομές του στην Ελλάδα και τις εντυπώσεις του από την χώρα. Όλες αυτές οι εκθέσεις, που βρίσκονται στην Ακαδημία Καλών Τεχνών, εκφράζουν τον ενθουσιασμό για την ελληνική αρχιεκτονική, που γνώρισαν μέσω των αποτυπώσεών τους, τις εμπειρίες τους από την χώρα, την επαφή με τον πληθυσμό και τον παραδοσιακό πολιτισμό, τις φιλίες με τους νέους Γάλλους και άλλους ξένους αρχιτέκτονες στην Σχολή. Όλα αυτά έγιναν βίωμα και έμπνευση καθ' όλη την επαγγελματική τους ζωή.

Η περίοδος μεταξύ των δυο πολέμων χαρακτηρίστηκε όμως και από ατυχίες στην συνεργασία μεταξύ αρχιτέκτονα και αρχαιολόγου, είτε επειδή ο τελευταίος δεν είχε οριστεί, είτε επειδή δεν ήταν παρών ή δεν ενδιαφερόταν για την αρχιτεκτονική. Έτσι ο αρχιτέκτονας που του ανατέθηκε ο θησαυρός της Κυρήνης παραπονέθηκε, ότι ο αρχαιολόγος, παρόλο που διέμενε στους Δελφούς, ασχολείται αποκλειστικά και μόνο με τις επιγραφές. Το αποτέλεσμα ήταν όλες οι αποτυπώσεις του ναού από πωρόλιθο στη Μαρμαριά, του Θησαυρού των Σιφνίων, των Θηβαίων και της Κυρήνης να καταλήξουν στο σκοτάδι του συρταριού, και όταν επί τέλους, μια γενιά αργότερα, οι μελέτες αυτών των

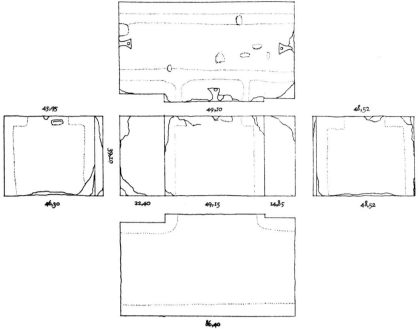

Fig. 8. Bygningsblok fra Skatkammer i Delfi. Vilhelm Lauritzen, 1921.

Fig. 8. Blocs provenant 'un trésor de Delphes. Vilhelm Lauritzen, 1921.

Εικ. 8. Οικοδομικός λίθος από θησαυρό των Δελφών. Vilhelm Lauritzen, 1921.

Opmaalinger 1930-32 af Atheniensernes Skatkammer; men her drejer det sig om en Bygning, der allerede stod, genopført ved den franske Arkitekt Replat i Begyndelsen af Aarhundredet.

Et andet vellykket Arbejde var Vilhelm Lauritzens Undersøgelse af de to Skatkamre i Marmaria sammen med Arkæologen Georges Daux. Her træder Modernismen ind i Tegneteknikken, idet Gengivelsen af Stenene er begrænset til rene Konturer. Men takket være de præcise Iagttagelser og Maal kunde disse Tegninger i det følgende danne Grundlag for Udarbejdelsen af Rekonstruktionstegningerne (Fig. 8).

For Lauritzen, som for flere andre af disse Arkitekter, gav Opholdet paa Skolen og Kendskabet til det franske Sprog Anledning til Kontakt med franske Tegnestuer, hvilket

ses dessins finit au fond du port de Mykonos, perdu par l'archéologue qui devait les rapporter à Athènes.

Parmi tous les travaux achevés et conclus, nous pouvons citer les relevés de P. E. Hoff et de M. L. Stephensen sur le trésor des Athéniens réalisés de 1930 à 1932. Mais il s'agit d'un bâtiment qui était déjà debout, reconstruit par l'architecte français Replat au début du siècle.

Un autre travail mené à bien est l'étude réalisée par Vilhelm Lauritzen sur les deux trésors de Marmaria, étude qu'il réalisa avec l'archéologue Georges Daux. On voit le modernisme faire son apparition dans la technique du dessin, car la reproduction des pierres se limite à leurs simples contours. Mais grâce à ses observations et mesures précises, ces dessins purent servir ensuite à l'élaboration des dessins de reconstruction (Fig. 8).

Pour Vilhelm Lauritzen comme

μνημείων ξαναέγιναν από έναν άλλον αρχαιολόγο και έναν άλλον αρχιτέκτονα, χρειάστηκε να ξεκινήσουν από την αρχή σε άλλο τελείως πνεύμα. Όσον αφορά τον αρχιτέκτονα που εργαζόταν στη Δήλο, ο κύλινδρος με τα σχέδιά του κατέληξε στον βυθό του λιμανιού της Μυκόνου, αφού τον έχασε ο αρχαιολόγος που θα τον έφερνε στην Αθήνα.

Στις εργασίες που πρόλαβαν να ολοκληρωθούν συμπεριλαμβάνονται οι αποτυπώσεις του Θησαυρού των Αθηναίων από τους P. E. Hoff και M. L. Stephensen μεταξύ 1930-32. Το κτήριο όμως είχε ήδη αναστηλωθεί από τον Γάλλο αρχιτέκτονα Replat στις αρχές του αιώνα.

Μια άλλη επιτυχημένη εργασία ήταν η μελέτη του Vilhelm Lauritzen και του αρχαιολόγου Georges Daux για τους δυο θησαυρούς στη Μαρμαριά. Εδώ η σχεδιαστική τεχνική γίνεται πιο σύγχρονη, με την αναπαράσταση των λίθων περιορισμένη σε απλά περιγράμματα. Χάρη όμως στις ακριβείς παρατηρήσεις και μετρήσεις τα σχέδια αυτά στη συνέχεια μπορούσαν να αποτελέσουν βάση για τη μελέτη των σχεδίων των αναπαραστάσεων (Εικ. 8).

Για τον Lauritzen, όπως για πολλούς άλλους αρχιτέκτονες, η παραμονή στη

Fig. 9. Radiohuset i København, Facade. Vilhelm Lauritzen, 1939-41.

Fig. 9. La maison de la radio de Copenhague, façade. Vilhelm Lauritzen, 1939-41.

Εικ. 9. Το κτήριο της ραδιοφωνίας στην Κοπεγχάγη, πρόσοψη. Vilhelm Lauritzen, 1939-41.

nærmede dem til deres egentlige Maal: den moderne Arkitektur. Lauritzen hører til Funktionalismens bedste Arkitekter, der forstod at forene den klassiske Arkitekturs Storhed med det nye enkle og klare Udtryk. Han havde det Held at komme til at tegne Bygningerne til to af dette Aarhundredes største Opfindelser: Flyvningen og Radiofonien (Fig. 9).

Et særligt Tilfælde var Ejnar Dyggve, den eneste danske Akitekt, der opnaaede i højere Grad at kunne hellige sig Arkæologien i Middelhavsomraadet, og som ikke var knyttet til Den Franske Skole.

pour plusieurs autres architectes, ce séjour à l'École et la connaissance de la langue française furent l'occasion d'avoir des contacts avec des ateliers d'architecture français, les rapprochant ainsi de leur véritable objectif: l'architecture moderne. Vilhelm Lauritzen compte parmi les meilleurs architectes du fonctionnalisme: il savait associer la grandeur de l'architecture classique au style nouveau, simple et pur. Il eut la chance de pouvoir dessiner les bâtiments de deux des plus grandes inventions de ce siècle : l'aviation et la radiophonie (Fig. 9).

Un cas particulier est celui d'Ejnar Dyggve. Il est le seul architecte danois à être parvenu véritablement à se con-

Σχολή και η γνώση της γαλλικής γλώσσας αποτέλεσαν αφορμή για επαφή με γαλλικά αρχιτεκτονικά γραφεία, γεγονός που τους έφερνε πιο κοντά στον πραγματικό τους στόχο: τη σύγχρονη αρχιτεκτονική. Ο Lauritzen βρίσκεται ανάμεσα στους καλύτερους αρχιτέκτονες του φονξιοναλισμού και ήξερε να συνδέει το μεγαλείο της κλασικής αρχιτεκτονικής με τη νέα απλή και καθαρή τεχνοτροπία. Είχε την τύχη να σχεδιάσει τα κτήρια που σχετίζονται με δυο από τις μεγαλύτερες εφευρέσεις του 20ου αιώνα: την αεροπορία και τη ραδιοφωνία (Εικ. 9).

Ειδική περίπτωση αποτελεί ο Ejnar Dyggve, ο μόνος Δανός αρχιτέκτονας,

Lad os endnu engang vende tilbage til København, i 1910. En lille Gruppe arkitektstuderende, alle Medlemmer af "Foreningen af 3. December", gav sig til at opmaale nogle Huse i Vognmagergade, som skulde nedrives. Derigennem indsaa de, at en moderne Arkitektur skulde være nyttig, praktisk og knyttet til de traditionelle Haandværk. De vilde, at den skulde bygge paa et systematisk Studium af Materialernes Egenskaber og Konstruktionernes Logik. Den unge Dyggve, der var opvokset i Finland, med en mere international Baggrund end sine Kammerater, blev en Slags Anfører for disse unge revolutionære og vilde sikkert være blevet en af Funktionalismens Pionerer, hvis han ikke tidligt var kommet ind paa Arkæologien, først som Deltager i de danske Udgravninger i Salona i Dalmatien, hvor han de følgende Aar var tilknyttet Antikvitetsvæsenet, senere som Deltager i de danske Udgravninger i Kalydon i Aitolien i 1935-38.

Det er en af Dyggves store Fortjenester at have indført og defineret strengt videnskabelige Metoder i Arkitekturopmaalingen. I Modsætning til ældre Tids "maleriske" Gengivelse af de bearbejdede Overflader og Brudflader vist med Skygning (sml. Clemmensen), indfører Dyggve, hvad han kalder den "sterile", hvor kun de betydningsfulde Iagttagelser gengives, delvis med Anvendelse af Signaturer (Fig. 10).

Hvor det tidligere havde været Skik, at Arkitekten udførte Opmaalingerne og Arkæologen Teksten, staar Dyggve for det hele selv, og Publikationen bliver en Helhed,

sacrer à l'archéologie méditerranéenne, sans travailler pour l'École française. Revenons encore une fois à Copenhague en 1910. Un petit groupe d'étudiants en architecture, tous membres de l'Association du 3 décembre, firent des relevés de certaines maisons de la Vognmagergade qui devaient être démolies. Ils s'aperçurent alors que l'architecture moderne se devait d'être utile et pratique et d'être liée aux métiers traditionnels. Ils voulaient qu'elle reposât sur une étude systématique des qualités des matériaux et de la logique des constructions. Le jeune Ejnar Dyggve, qui avait vécu durant sa jeunesse en Finlande et avait un passé plus international que ses camarades, fut une sorte de guide pour ces jeunes révolutionnaires. Il serait certainement devenu l'un des pionniers du fonctionnalisme s'il n'était entré tôt dans l'archéologie, d'abord en participant aux fouilles danoises de Salone en Dalmatie où il travailla pour le Service des Antiquités, puis en participant aux fouilles danoises de Calydon en Étolie entre 1935 et 1938.

L'un des grands mérites d'Ejnar Dyggve est d'avoir introduit et défini des méthodes scientifiques strictes pour les relevés d'architecture. Contrairement aux représentations «picturales» de périodes plus anciennes où les surfaces travaillées et les cassures étaient représentées avec des ombres (voir Clemmensen), Ejnar Dyggve introduit ce qu'il appelle le «stérile» qui ne représente que les observations importantes, en utilisant parfois des symboles (Fig. 10).

Alors qu'auparavant, il était de tradition que l'architecte réalise les relevés et l'archéologue les textes, Ejnar Dyggve se charge du tout. La publica-

που κατόρθωσε να αφιερωθεί στην αρχαιολογία της περιοχής της Μεσογείου χωρίς να εργαστεί για τη Γαλλική Σχολή. Ας επιστρέψουμε άλλη μια φορά στην Κοπεγχάγη του 1910. Μια μικρή ομάδα φοιτητών της αρχιτεκτονικής, όλοι τους μέλη του "Συλλόγου της 3ης Δεκεμβρίου", άρχισαν να αποτυπώνουν σπίτια που επρόκειτο να κατεδαφιστούν στη οδό Vognmagergade. Έτσι κατάλαβαν ότι η σύγχρονη αρχιτεκτονική θα έπρεπε να είναι χρήσιμη, πρακτική και να έχει σχέση με τα παραδοσιακά επαγγέλματα. Θεωρούσαν ότι έπρεπε να βασίζεται σε συστηματική μελέτη των ιδιοτήτων των υλικών και της λογικής των κατασκευών. Ο νεαρός Dyggve, που είχε μεγαλώσει στη Φινλανδία, με ένα πιο διεθνές υπόβαθρο από τους συμφοιτητές του, έγινε κατά κάποιον τρόπο αρχηγός των νεαρών αυτών επαναστατών και κατά πάσα πιθανότητα θα είχε γίνει ένας από τους πρωτοπόρους του φονξιοναλισμού, εάν δεν είχε έρθει σε επαφή με την αρχαιολογία σε νεαρή ηλικία, πρώτα συμμετέχοντας στις ανασκαφές της Δανίας στη Σαλόνα της Δαλματίας, εργαζόμενος στην εκεί αρχαιολογική υπηρεσία και αργότερα συμμετέχοντας στις ανασκαφές της χώρας του στην Καλυδώνα της Αιτωλίας μεταξύ 1935-38.

Ένα από τα μεγάλα επιτεύγματα του Dyggve ήταν ότι εισήγαγε και προσδιόρισε αυστηρά επιστημονικές μεθόδους στις αρχιτεκτονικές αποτυπώσεις. Σε αντίθεση με τις "απεικονιστικές" αποδόσεις των επεξεργασμένων ή θραυσμένων επιφανειών που αποδίδονταν με σκιές τις παλαιότερες εποχές (βλ. Clemmensen), ο Dyggve εισήγαγε αυτό που ονομάζει "στείρο" τρόπο, όπου

Fig. 10. Tagstensfragment af
Terrakotta, Opmåling og
Rekonstruktion. Ejnar Dyggve, 1943.

Fig. 10. Fragment de tuile en terre
cuite, relevé et reconstruction. Ejnar
Dyggve, 1943.

Εικ. 10. Θραύσμα πήλινης κεραμίδας,
αποτύπωση και αναπαράσταση. Ejnar
Dyggve, 1943.

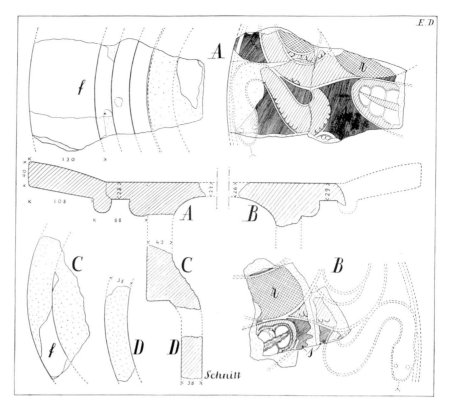

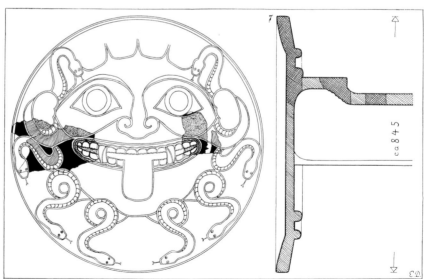

hvor Ord og Streg kompletterer
hinanden; Fra en omhyggelig
Analyse af de bevarede Rester naar
han Skridt for Skridt til den vel

tion devient un ensemble où mots et
dessins se complètent. A partir d'une
analyse des restes conservés, il par-
vient, pas à pas, à une reconstruction

αποδίδονται μόνο οι σημαντικές
παρατηρήσεις με την χρήση συμβόλων
(Εικ. 10).

Ενώ παλαιότερα ήταν συνήθεια ο

underbyggede Rekonstruktion af Bygningen, som han til sidst illustrerer med Perspektiver, der placerer den i Omgivelserne og den historiske Sammenhæng.

Den anden Verdenskrig betød en ny Afbrydelse i Forbindelsen med Den Franske Skole. I Foraaret 1950 afholdtes der paa Kunstakademiet en Række Forelæsninger om græsk og byzantinsk Arkitektur, hvor Helge Finsen nævnte sit Ophold paa Den Franske Skole i 1926, hvilket gav en Studerende paa 2. Aar, Curt v. Jessen, Idéen til selv at skrive til Skolen. Det medførte et imødekommende Svar fra Georges Daux, der netop da var blevet dens Direktør, og som med Glæde mindedes sit Samarbejde med Vilhelm Lauritzen i 1921. Da Daux selv indsaa Nødvendigheden af et nært Samarbejde mellem Arkitekter og Arkæologer, førte Jessens Besøg til en mere formaliseret Ordning mellem Skolen og Kunstakademiet i København, med økonomisk Støtte fra Ny Carlsbergfondet. En ny Række af unge Arkitekter eller studerende kunde nu drage Nytte af et Ophold paa en af de franske Udgravninger i Grækenland, knyttet til en fransk Arkæolog omkring Studiet af en enkelt Bygning.

Her skal navnlig omtales en særlig Opgave: Atlasset over Apollon-Helligdommen i Delfi bestaaende af Planer og Snit, maalt i 1:50 i Somrene 1963 og 1964 af en Gruppe studerende, der hver havde Ansvar for sin Del. Uden forudfattede Meninger satte de det, som de saa, omhyggeligt paa Papiret efter præcist definerede Principper. To af Deltagerne blev tilbage og trak alle

bien étayée du bâtiment, qu'il illustre, pour finir par des perspectives qui replacent le bâtiment dans son environnement et son contexte historique.

La Seconde Guerre Mondiale provoqua une nouvelle interruption de la relation avec l'École française. Durant le printemps 1950, l'Académie des Arts tint une série de conférences sur l'architecture grecque et byzantine et, à cette occasion, Helge Finsen mentionna son séjour à l'École française en 1926, ce qui donna à un étudiant de deuxième année, Curt v. Jessen, l'idée d'écrire lui-même à l'École. Il reçut une réponse favorable de Georges Daux qui venait d'être nommé directeur et qui se souvenait avec enthousiasme de sa coopération avec Vilhelm Lauritzen en 1921. Lorsque Georges Daux perçut la nécessité d'une coopération étroite entre architectes et archéologues, la visite de Curt v. Jessen fut l'objet d'un arrangement plus formel entre l'École et l'Académie des Arts de Copenhague, avec un soutien financier de la fondation Ny Carlsberg. Une nouvelle session de jeunes architectes et d'étudiants put alors profiter d'un séjour sur l'un des sites de fouilles français en Grèce, en travaillant avec un archéologue français sur l'étude d'un seul bâtiment.

Il faut, à ce propos, mentionner un travail en particulier: il s'agit de l'Atlas du sanctuaire d'Apollon à Delphes, composé de plans et de coupes mesurés au 1:50 et qui fut réalisé durant les étés 1963 et 1964 par un groupe d'étudiants dont chacun était responsable de sa partie. Sans opinion préconçue, ils dessinèrent avec soin sur le papier ce qu'ils voyaient selon des principes bien définis. Deux des parti-

αρχιτέκτονας να πραγματοποιεί τις αποτυπώσεις και ο αρχαιολόγος να διατυπώσει το κείμενο, ο Dyggve τα αναλαμβάνει όλα έτσι ώστε η δημοσίευση να αποτελεί ένα σύνολο όπου ο λόγος και η γραμμή αλληλοσυμπληρώνονται. Από μια προσεκτική ανάλυση των σωζόμενων λειψάνων φτάνει βήμα–βήμα στη καλά τεκμηριωμένη αναπαράσταση του κτίσματος, το οποίο στο τέλος σχεδιάζεται προοπτικά, ενταγμένο στο περιβάλλον και στο ιστορικό του πλαίσιο.

Ο Δεύτερος Παγκόσμιος Πόλεμος σήμαινε νέα διακοπή της σχέσης με τη Γαλλική Σχολή. Την άνοιξη του 1950 πραγματοποιήθηκε στη Σχολή Καλών Τεχνών της Κοπεγχάγης μια σειρά διαλέξεων για την ελληνική και βυζαντινή αρχιτεκτονική, κατά την οποία ο Helge Finsen αναφέρθηκε στη διαμονή του στη Γαλλική Σχολή το 1926, γεγονός που έδωσε την ιδέα σε ένα δευτεροετή φοιτητή, τον Curt v. Jessen, να στείλει ο ίδιος επιστολή στη Σχολή. Έλαβε θετική απάντηση από τον Georges Daux, που μόλις είχε γίνει διευθυντής της Σχολής και που με χαρά θυμόταν τη συνεργασία του το 1921 με τον Vilhelm Lauritzen. Όταν ο Daux συνειδητοποίησε την ανάγκη στενής συνεργασίας μεταξύ αρχιτεκτόνων και αρχαιολόγων, η διαμονή του Jessen οδήγησε σε μια πιο επίσημη ρύθμιση μεταξύ της Σχολής και της Ακαδημίας Καλών Σχολών της Κοπεγχάγης και με την οικονομική υποστήριξη του ιδρύματος Ny Carlsberg. Τώρα, μια νέα σειρά αρχιτεκτόνων ή φοιτητών μπορούσε να επωφεληθεί από τη συνεργασία σε κάποια από τις γαλλικές ανασκαφές στην Ελλάδα, και να μελετήσει με τους Γάλλους αρχαιολόγους ένα συγκεκριμένο κτήριο.

Εδώ θέλω να αναφερθώ ιδιαίτερα σε

Fig. 11. Plan af Apollon-tempelet i Delfi, Udsnit. Gregers Algreen-Ussing, 1964.

Fig. 11. Plan du temple d'Apollon à Delphes, détail. Gregers Algreen-Ussing, 1964.

Εικ. 11. Απόσπασμα κάτοψης του Ναού του Απόλλωνος στους Δελφούς. Gregers Algreen-Ussing, 1964.

Tegningerne op med Tusch, saaledes at de udgjorde et ensartet Hele af en tegningsmæssig Kvalitet, som næppe siden har kunnet naas (Fig. 11). Mange Aar senere finder vi Gregers Algreen-Ussing i Skov- og Naturstyrelsen, hvor han staar bag Udviklingen af det saakaldte Inter-SAVE System til Kortlægning af arkitektoniske Værdier, der giver sig Udtryk i Udarbejdelsen af "Kommuneatlasser", der redegør for Bebyggelsernes historiske Udvikling set i Forhold til de naturgivne Omgivelser. Man har Lov til at tro, at den langvarige Indlevelse i et historisk Omraade som Delfi ikke har været en uvæsentlig Baggrund for dette Initiativ.

cipants restèrent alors pour passer à l'encre tous les dessins, de façon à constituer un ensemble homogène. La qualité des dessins ainsi obtenue n'a guère eu son pareil depuis (Fig. 11). De nombreuses années plus tard, Gregers Algreen-Ussing de la Direction Générale des Forêts et de la Nature développe un système appelé InterSAVE pour la cartographie des valeurs architectoniques, système qui permet la réalisation d'«Atlas des communes» qui rendent compte de l'évolution historique des habitations selon leur environnement naturel. On peut penser que sa présence durable dans une région historique comme Delphes n'a pas été un facteur négligeable dans cette initiative.

μια εργασία: τον άτλαντα του Ιερού του Απόλλωνος στους Δελφούς, που αποτελείται από διαστασιολογημένες κατόψεις και τομές σε κλίμακα 1:50, σχεδιασμένες το καλοκαίρι του 1963 και 1964 από ομάδα φοιτητών, όπου ο καθένας είχε την ευθύνη ενός τμήματος. Χωρίς προκαταλήψεις τοποθέτησαν στο χαρτί αυτό που έβλεπαν, προσεκτικά και σύμφωνα με αρχές ακριβώς προσδιορισμένες. Δυο από την ομάδα παρέμειναν και τελειοποίησαν όλα τα σχέδια με μελάνι, ώστε να αποτελέσουν ένα ομοιόμορφο σύνολο, τη σχεδιαστική τελειότητα του οποίου μάλλον δεν επέτυχε κανείς άλλος από τότε (Εικ. 11). Πολλά χρόνια αργότερα βρίσκουμε τον Gregers Algreen-Ussing

Fig. 12. La Grande Arche, Paris. Johan Otto von Spreckelsen, 1985-89.

Fig. 12. La Grande Arche, Paris. Johan Otto von Spreckelsen, 1985-89.

Εικ. 12. La Grande Arche, Παρίσι. Johan Otto von Spreckelsen, 1985-89.

Teateret i Delfi blev maalt af en islandsk studerende, der gennem to Somre Bænk for Bænk tegnede dette Anlæg. Nu er han en betydelig Restaureringsarkitekt i Reykjavik, og dertil en fremtrædende Karakterskuespiller og Iscenesætter af græske Tragedier. Inspirationen gaar sine sære Veje. I Fortsættelse af Planen i Delfi blev der udført en tilsvarende Helhedsplan af det minoiske Palads i Malia på Kreta, denne gang under Ledelse af Elga Andersen. Her maatte det Signatursystem, der var udtænkt til Gengivelse af klassiske Bygninger i

Le Théâtre de Delphes fut mesuré par un étudiant islandais qui dessina ce bâtiment durant deux étés, gradin par gradin. Il est aujourd'hui un architecte restaurateur important à Reykjavik, ainsi qu'un acteur de caractère et un metteur en scène de tragédies grecques. L'inspiration suit parfois des chemins originaux. A la suite du plan de Delphes, un plan d'ensemble de même genre fut réalisé pour le Palais minoen de Malia en Crète, cette fois sous la direction d'Elga Andersen. Le système de symbole qui avait été utilisé pour reproduire les bâtiments classiques de Delphes dut être adapté à

στη Διεύθυνση Δασών και Φυσικού Περιβάλλοντος, επικεφαλής του προγράμματος InterSAVE System για την χαρτογράφιση αρχιτεκτονικών αξιών απαραίτητων για τη διαμόρφωση "Κοινοτικών Ατλάντων», που συνδέουν την ιστορική εξέλιξη των οικισμών σε σχέση με το φυσικό περιβάλλον. Θέλω να πιστεύω ότι η μακρόχρονη ενασχόληση με μιαν ιστορική περιοχή όπως οι Δελφοί υπήρξε η απαρχή της πρωτοβουλίας αυτής.

Το θέατρο των Δελφών αποτυπώθηκε από έναν Ισλανδό φοιτητή, που επί δυο καλοκαίρια, σχεδίαζε εδώλιο προς εδώλιο ολόκληρο το μνημείο. Τώρα είναι ένας σπουδαίος αρχιτέκτονας αναστηλώσεων στο Ρέικιαβικ, και επίσης ένας εξέχων καρατερίστας ηθοποιός και σκηνοθέτης ελληνικών τραγωδιών. Η έμπνευση βρίσκει περίεργα μονοπάτια. Μετά την ολοκλήρωση της γενικής κάτοψης των Δελφών σχεδιάστηκε η γενική κάτοψη των μινωικών ανακτόρων στα Μάλια της Κρήτης, αυτή τη φορά υπό την

Delfi, omsættes til helt andre Materialer og Byggeteknik.

I 1957 arbejdede den unge Johan Otto von Spreckelsen i Delfi, den senere Skaber af "La Grande Arche" i Paris (Fig. 12). Man har spurgt sig, om Opholdet i Grækenland har haft Indflydelse paa hans Arkitektur. Vi kan svare, at sikkert har Mødet med den græske Arkitekturs præcise Former og Oplevelsen af den hvide Marmor mod den blaa Himmel ikke kunnet undgaa at trænge dybt ind i Sindet hos ham og alle de andre Arkitekter, der har haft Muligheden for at arbejde i Udgravningerne i Grækenland.

Med Oprettelsen af Det Danske Institut i Athen kan man forudse, at flere danske Arkitekter vil faa Mulighed for at studere den græske Arkitektur og lade sig inspirere deraf, kunstnerisk eller videnskabeligt. Men lad os ikke af den Grund glemme vor 150-aarige Storesøster, l'Ecole française d'Athènes.

des matériaux et des techniques de construction très différents.

Le jeune Johan Otto von Spreckelsen travailla à Delphes en 1957; il créa plus tard «La Grande Arche» à Paris (Fig. 12). On s'est demandé si son séjour en Grèce avait eu une influence sur son architecture. A cela, nous pouvons répondre que sa rencontre avec l'architecture grecque aux formes si précises et la révélation du marbre blanc se détachant sur le bleu du ciel ne pouvaient pas ne pas laisser une trace profonde dans son esprit, pour lui comme pour tous les autres architectes qui eurent la possibilité de travailler sur des fouilles en Grèce.

Avec la fondation de l'Institut danois d'Athènes, tout laisse à penser qu'un grand nombre d'architectes danois saisiront l'opportunité d'étudier l'architecture grecque et de se laisser inspirer par elle, par une approche artistique ou scientifique. Mais n'oublions pas pour cela notre grande sœur de 150 ans, l'École française d'Athènes.

καθοδήγηση της Elga Andersen. Εδώ το σύστημα συμβόλων που επινοήθηκε για την απόδοση των κλασικών οικοδομημάτων στους Δελφούς έπρεπε να προσαρμοστεί σε εντελώς διαφορετικά υλικά και οικοδομική τεχνική.

Το 1957 εργάστηκε στους Δελφούς ο νεαρός Johan Otto vov Spreckelsen, ο μετέπειτα δημιουργός της "La Grande Arche" στο Παρίσι (Εικ. 12). Αναρωτιέται κανείς εάν η διαμονή του στην Ελλάδα είχε επιρροή στην αρχιτεκτονική του. Η απάντηση είναι ότι σίγουρα η γνωριμία του με τις τέλειες μορφές της ελληνικής αρχιτεκτονικής και η συνάντησή του με το λευκό μάρμαρο και τον γαλάζιο ουρανό δεν μπορούσαν παρά να κάνουν βαθύτατη εντύπωση σε αυτόν και σε όλους τους άλλους αρχιτέκτονες που είχαν τη δυνατότητα να εργαστούν σε ανασκαφές στην Ελλάδα.

Με την ίδρυση του Ινστιτούτου της Δανίας στην Αθήνα είναι αναμενόμενο περισσότεροι Δανοί αρχιτέκτονες να έχουν την ευκαιρία να μελετήσουν την ελληνική αρχιτεκτονική και να εμπνευστούν από αυτήν, τόσο καλλιτεχνικά όσο και επιστημονικά. Ας μη ξεχάσουμε όμως την μεγάλη 150χρονη αδελφή μας, την Ecole française d'Athènes.

Den tegnede iagttagelse
De l'observation au dessin
Παρατηρώντας και σχεδιάζοντας

Gregers Algreen-Ussing, Thorsteinn Gunnarsson & Erik Hansen

Den følgende beskrivelse af de viste opmålinger er opdelt i de tre perioder, som genfindes i katalogets oversigt over danske arkitekters arbejde for Den Franske Skole i Athen på side 84-7. Tegningerne fra disse tre perioder og de seneste år strækker sig fra 1908 til 2008 og er suppleret med eksempler fra Erik Hansens endnu ikke publicerede undersøgelse af Apollon-templet i Delfi og med topografiske målinger af helligdommen i Delfi og paladset i Malia.

Første periode 1908-1914

Katalog nr. 1

De store udgravninger på Delos, der fandt sted i denne første periode, efterlod talrige fundamenter af bygninger og tusindvis af stenblokke, som det blev arkæologernes og arkitekternes opgave at samle til forståelige bygninger og helheder og til belysning af stedets bebyggelse og historie. Gerhardt Poulsen, der arbejdede på Delos fra 1908 til 1914,

La description suivante est divisée en trois périodes, telles qu'elles apparaissent dans le catalogue des architectes danois ayant travaillé pour l'École française d'Athènes, p. 84-7. Les dessins, réalisés pendant ces trois périodes, ainsi que les plus récents, sont datés entre 1908 et 2008 et sont complétés par des travaux de Erik Hansen pour le temple d'Apollon de Delphes, encore non publiés, ainsi que par des plans topographiques du sanctuaire de Delphes et du palais de Malia.

Première période 1908-1914

Nº 1

La grande fouille de Délos, qui a eu lieu pendant cette période, a mis au jour de nombreuses fondations de bâtiments et des milliers de blocs de pierre. C'était alors au tour des archéologues et des architectes de reconstituer le puzzle et de recréer les édifices de manière compréhensible, en retraçant ainsi l'histoire du site. Gerhardt Poulsen a travaillé à

Η περιγραφή των εργασιών που ακολουθεί χωρίζεται σε τρεις περιόδους, σύμφωνα με τη δημοσίευση του καταλόγου των Δανών αρχιτεκτόνων που εργάστηκαν για τη Γαλλική Σχολή, σελ. 84-7. Τα σχέδια των τριών περιόδων αλλά και τα πιο πρόσφατα, πραγματοποιήθηκαν μεταξύ των ετών 1908 και 2008 και συμπληρώνονται με δείγματα εργασίας του Erik Hansen από την ακόμη αδημοσίευτη μελέτη που εκπόνησε για το ναό του Απόλλωνος στους Δελφούς και με άλλες τοπογραφικές εργασίες από το ιερό των Δελφών και το ανάκτορο των Μαλίων.

Πρώτη περίοδος 1908-1914

Αρ. καταλόγου 1

Οι μεγάλες ανασκαφές της Δήλου που πραγματοποιήθηκαν εκείνη την εποχή αποκάλυψαν πλήθος θεμελίων κτηρίων και χιλιάδες δομικούς λίθους. Το πρόβλημα είχε πλέον μετατεθεί στους αρχιτέκτονες και τους αρχαιολόγους, που όφειλαν να ανασυνθέσουν το παζλ και να δημιουργήσουν και πάλι τα κτήρια με τρόπο απλό και κατανοητό,

Tre danske arkitekter blandt franske arkæologer på Delos 1910-1911. Fra venstre mod højre ses: Albert Gabriel, Gerhardt Poulsen, Charles Picard, Axel Maar, Jean Hatzfeld, Felix Dürrbach, René Vallois, Passaliadis og Anton Frederiksen. De tre arkitekter samt Kaj Gottlob, var alle aktive i foreningen af 3. december 1892, som det er beskrevet af Erik Hansen på side 11-12.

Les trois architectes danois parmi les archéologues français à Délos en 1910-1911. De gauche à droite: Albert Gabriel, Gerhardt Poulsen, Charles Picard, Axel Maar, Jean Hatzfeld, Félix Dürrbach, René Vallois, Passaliadis et Anton Frederiksen. Les trois architectes ainsi que Kaj Gottlob, étaient membres de la «Société du 3 décembre 1892», voir Erik Hansen, p. 11-12.

Τρεις Δανοί αρχιτέκτονες μαζί με τους Γάλλους αρχαιολόγους στη Δήλο το 1910-11. Από αριστερά προς τα δεξιά: Albert Gabriel, Gerhardt Poulsen, Charles Picard, Axel Maar, Jean Hatzfeld, Félix Dürrbach, René Vallois, Passaliadis και Anton Frederiksen. Οι τρεις αρχιτέκτονες μαζί με τον Kaj Gottlob ήταν ενεργά μέλη του "Συλλόγου της 3ης Δεκεμβρίου 1892", βλ. Erik Hansen σελ. 11-12.

var således med næsten fra begyndelsen. En af de vigtigste opgaver var at fremstille en helhedsplan af den centrale helligdom, og her fik han hjælp af to andre danske arkitekter, Axel Maar og Sven Risom bistået af den franske arkitekt J. Replat.

Délos entre 1908 et 1914, presque dès le début des travaux. Une de ses tâches les plus importantes, a été de dessiner le plan général du sanctuaire, assisté de deux autres architectes danois, Axel Maar et Sven Risom, ainsi que de l'architecte français J. Replat.

ξαναγράφοντας την ιστορία του χώρου. Ο Gerhardt Poulsen εργάστηκε στη Δήλο από το 1908 έως το 1914, σχεδόν ταυτόχρονα με την έναρξη των εργασιών. Η σχεδίαση της γενικής κάτοψης του ιερού αποτέλεσε την σημαντικότερη πλευρά της αποστολής

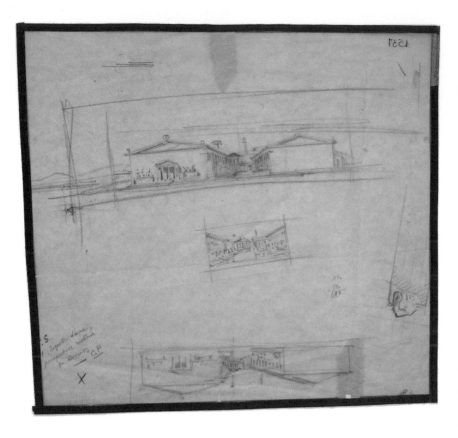

Gerhardt Poulsen: Perspektivskitse af et byrum mellem de store bygninger på Delos. EFA nr. 1537.

Gerhardt Poulsen. Croquis en perspective d'un espace entre les grands monuments de Délos. EFA n° 1537.

Gerhardt Poulsen: Προοπτικό σκαρίφημα του χώρου μεταξύ μεγάλων κτηρίων της Δήλου. EFA αρ. 1537.

του, στην οποία είχε βοηθούς δύο άλλους Δανούς αρχιτέκτονες, τον Axel Maar και το Sven Risom, καθώς και το Γάλλο αρχιτέκτονα J. Replat.

Katalog nr. 2
Gerhardt Poulsen nøjedes ikke med at måle op. Han deltog også aktivt i udforskningen af ruinerne og rekonstruktion af bygningerne. Her har han fattet en særlig interesse for søjlehallen. Det var en 56 x 34 meter stor hal, hvor taget blev båret af 44 søjler, hvis forskellige højder hænger sammen med det pyramideformede tags skråning. De elleve søjler er i denne tegning vist med målangivelser.

N° 2
Gerhardt Poulsen n'a pas pris que des mesures. Il a aussi participé activement à l'exploration des ruines et à la restitution des bâtiments. Il a manifesté un vif intérêt pour la Salle Hypostyle. L'édifice mesure 56 x 34 m ; il est couvert d'un toit supporté par 44 colonnes, dont la hauteur différente est due à la forme pyramidale de cette toiture. Le dessin montre 11 colonnes avec leurs dimensions.

Αρ. καταλόγου 2
Ο Gerhardt Poulsen δεν περιορίστηκε στις αποτυπώσεις. Είχε ενεργή συμμετοχή στη μελέτη των ερειπίων και στην αποκατάσταση των κτηρίων. Έδειξε ιδιαίτερο ενδιαφέρον για την Υπόστυλη αίθουσα, κτήριο διαστάσεων 56 x 34 μ, του οποίου η οροφή στηριζόταν σε 44 κίονες, διαφορετικού ύψους ο καθένας, λόγω της κλίσης της πυραμιδοειδούς στέγης. Στο σχέδιο της εικόνας αναπαρίστανται 11 κίονες και αναγράφονται οι διαστάσεις τους.

Katalog nr. 3
Her har han tegnet nogle af de bevarede joniske kapitæler med henblik på at forstå, hvordan bjælkerne kan have været fastgjort til

N° 3
Ici, l'architecte a dessiné certains chapiteaux ioniques bien conservés, de manière à faire comprendre leur raccord avec les charpentes. Poulsen

Αρ. καταλόγου 3
Εδώ ο αρχιτέκτονας σχεδίασε μερικά από τα καλύτερα διατηρημένα ιωνικά κιονόκρανα, μελετώντας τον τρόπο

36

Gerhardt Poulsen 1912: Rekonstruktionsforsøg af søjlehallen på Delos.

Gerhardt Poulsen 1912:
Essai de restitution de la Salle Hypostyle de Délos.

Gerhardt Poulsen 1912:
Μελέτη γραφικής αποκατάστασης της Υπόστυλης αίθουσας στη Δήλο.

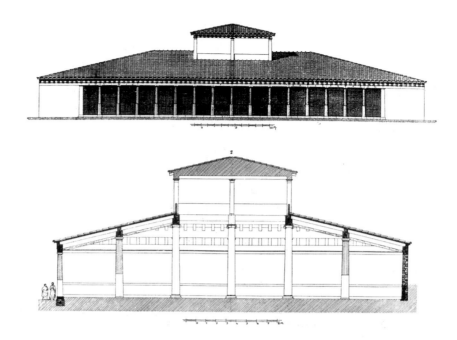

deres oversider. Poulsen tegner stenene i en noget idealiseret form, uden hensyn til eventuelle afslåede hjørner eller andre skavanker. Men de indskrevne mål har særlig betydning for hans overvejelser i forbindelse med rekonstruktionen. Han benytter sig ofte af skråprojektioner for at anskueliggøre særligt komplicerede former.

Katalog nr. 4
Gerhardt Poulsens planopmålinger er blevet indledt med en skitse udført på stedet med indskrevne mål, der har været benyttet ved optegningen i blyant på kraftigt tegnepapir. Endelig er detaljerne gennemtegnet i tusch, ofte direkte på blyantsstregen og ikke nødvendigvis på stedet, men baseret på arkitektens fornemmelse for overfladernes karakter og stentype.

a dessiné les blocs en les restituant, sans tenir compte de leurs caractéristiques spécifiques et leur état de conservation. Les mesures sont, tout de même, bien significatives pour la restitution qu'il a proposée. Il utilise souvent des projections obliques pour rendre les formes qui sont particulièrement compliquées.

Nº 4
Les dessins de Gerhardt Poulsen (plan généraux ou relevés) ont été élaborés d'après des croquis cotés faits sur place, d'abord au crayon sur du papier épais. Les détails étaient ensuite passés à l'encre, suivant le contour fait au crayon, pas nécessairement sur place, mais toujours dans le souci d'interpréter la sensation que l'architecte s'était fait de la texture des surfaces.

στήριξης της στέγης. Ο Poulsen απέδωσε τους λίθους σχεδόν σε αποκατάσταση, παραλείποντας τα ίχνη φθοράς που έφεραν. Οι διαστάσεις που σημειώνει αποδεικνύουν ότι είχε ήδη κάποια άποψη για την αποκατάσταση του μνημείου. Συχνά χρησιμοποιεί πλάγιες προβολές ώστε να επιτύχει σχεδιαστική απόδοση των πολύπλοκων μορφών.

Αρ. καταλόγου 4
Τα σχέδια του Gerhardt Poulsen, είτε επρόκειτο για γενικές κατόψεις είτε για αποτυπώσεις, γίνονταν βάσει διαστασιολογημένου σκαριφήματος που πραγματοποιούσε επί τόπου. Το σχέδιο γινόταν στη συνέχεια με μολύβι σε χαρτόνι και τέλος οι λεπτομέρειες ολοκληρώνονταν με μελάνι, τις περισσότερες φορές επάνω στο αρχικό σχέδιο, όχι πια επί τόπου αλλά στο γραφείο. Ο αρχιτέκτονας έδινε μεγάλη σημασία στη σχεδιαστική απόδοση του τύπου και της υφής του υλικού.

Delfi 1960. Kaj Gottlob til højre i billedet ses her sammen med Karen Zahle og Erik Hansen, hvor de sidder ved tholossen i Marmaria nedenfor Apollon-helligdommen, som ses i baggrunden.

Delphes 1960. Kaj Gottlob à droite sur la photo en compagnie d'Erik Hansen et de Karen Zahle. Ils sont assis dans la Tholos située dans la sanctuaire de Marmaria. Le sanctuaire d'Apollon est visible en arrière plan.

Δελφοί 1960. Ο Kaj Gottlob διακρίνεται δεξιά στη φωτογραφία μαζί με την Karen Zahle και τον Erik Hansen. Είναι καθισμένοι στη Θόλο της Μαρμαριάς, κάτω από το Ιερό του Απόλλωνος, το οποίο φαίνεται στο βάθος.

Αρ. καταλόγου 5
Κατά τα έτη 1912 και 1913 ο Kaj Gottlob εργάστηκε μόνος του στη Θόλο των Δελφών, η οποία εικονίζεται εδώ σε κάτοψη. Αργότερα, το έργο του παρουσιάστηκε σε 30 πινακίδες, που χαρακτηρίζονται από την επιμελημένη τους σύνθεση και περιλάμβαναν όψεις, λεπτομέρειες και γραφικές αποκαταστάσεις. Επέστρεψε μετά το 1923, όταν ο πόλεμος τελείωσε και συνεργάστηκε για τη δημοσίευση του μνημείου με τον αρχαιολόγο Jean Charbonneaux, ο οποίος έγραψε το κείμενο. Η σχεδιαστική τεχνική είναι καλλιτεχνική, ενώ η υπάρχουσα κατάσταση αποδίδεται με απλές γραμμές καθώς επίσης και το είδος της φθοράς του λίθου. Γίνεται διάκριση μεταξύ των τύπων των λίθων και του ιδιαίτερου χαρακτήρα τους: πωρόλιθος, λευκός και κυανόμαυρος ασβεστόλιθος, μάρμαρο και γεωλογικοί σχηματισμοί. Οι σκιές στην κάτοψη υποδηλώνουν διαφορετικά ύψη.

Katalog nr. 5
Kaj Gottlob arbejdede alene i årene 1912 og 1913 med tholossen i Delfi, som her er tegnet i plan. Senere kom resultaterne til at fremstå i 30 velkomponerede plancher omfattende planer, opstalter og detaljer samt rekonstruktioner. Først i 1923, da han vendte tilbage efter krigen, blev der tale om et samarbejde med arkæologen J. Charbonneaux, som skrev teksten. Tegneteknikken er "malerisk", med tydelig gengivelse af stenens aktuelle tilstand, der også omfatter brudfladernes karakter. Tegnemåden skelner mellem materialernes karakter: Poros, hvid og blå-sort kalksten, marmor, og antyder den geologiske struktur. Skygning i plantegningen betyder højdeforskelle.

Nº 5
Pendant les années 1912 et 1913, Kaj Gottlob a travaillé seul sur la Tholos de Delphes, ici présentée en plan. Il a composé 30 planches comprenant des élévations, des détails et des restitutions. Il y est retourné en 1923, après la guerre, pour préparer la publication du monument avec l'archéologue J. Charbonneaux qui en a rédigé le texte. La technique de représentation est «artistique», avec un rendu clair de l'état actuel des blocs, tenant bien compte de l'état de leur surface. Cette technique rend bien la différence entre le type du matériau et sa texture : poros, calcaire blanc ou bleu-noirâtre, marbre, structure géologique. Les ombres représentent les différences de hauteur.

Katalog nr. 6 og 7
Kaj Gottlob: Tegning nr. 6 med detaljer omkring indgangspartiet i tholossens cellamur og tegning nr. 7 med detaljer omkring den centrale del af tholossen. I 1960 og 1962 vendte han tilbage til tholossen i Delfi for at korrigere og komplettere sine undersøgelser fra 1923-25, hvilket også førte til en række akvareller af den korrigerede bygnings rumlige fremtræden, som beskrevet af Erik Hansen, side 23-24.

Anden periode 1921-1933

Katalog nr. 8
Med 1900-tallet begynder interessen for de historiske stilarter med deres udbredte anvendelse af detaljer at svinde. Funktionalismen ønsker at bryde med fortiden. Den nye tids arkitekter, der arbejder for Den Franske Skole i Athen, tager afstand fra angivelse af skygger og materialekarakterer og opmålingerne fremtræder nu i ren streg. Børge Plougmanns tegninger af fundamenter til kyrenernes skathus i Delfi fra 1926, er typiske eksempler. Han målte også 44 løse sten fra denne bygning, men opnåede ikke noget egentligt samarbejde med de arkæologer, der arbejdede på stedet. En samtidig tysk publikation, som de henviste til, førte ham på vildspor, og han nåede ikke frem til en brugbar rekonstruktion.

Katalog nr. 9
Undersøgelserne af kyrenernes skathus i Delfi blev genoptaget af arkæologen J. Bousquet i 1946-50, og blev da gennemført i samarbejde med skolens arkitekt Y. Formine,

N° 6 et 7
Kaj Gottlob: Dessin n° 6 avec des détails de l'entrée du mur de cella de la Tholos et dessin n° 7 avec des détails de la partie centrale de la Tholos. En 1960 et 1962, il est retourné sur place pour corriger et compléter ses remarques de 1923-25, qui ont abouti à une série d'aquarelles de restitution corrigée du monument, comme le décrit Erik Hansen, p. 23-24.

Deuxième période 1921-1933

N° 8
Les années 1900 se caractérisent par la disparition de l'intérêt pour les styles historiques et pour leur rayonnement. Le fonctionnalisme se détache du passé et les architectes de l'ère nouvelle qui ont travaillé à l'École française d'Athènes ont rejeté les ombres et les textures des matériaux, dessinant désormais au traits simples. Les dessins des fondations du trésor de Cyrène que Børge Ploughmann a réalisés à Delphes à partir de 1926 en constituent des exemples typiques. Il a mesuré 44 blocs trouvés in situ, mais n'a pas vraiment collaboré avec les archéologues qui étudiaient le monument. Il a consulté une publication allemande contemporaine qui ne s'est pas avérée utile pour ses travaux.

N° 9
L'étude de trésor de Cyrène de Delphes a été terminée par l'archéologue J. Bousquet, en 1946-1950, avec l'assistance de l'architecte de l'École Y. Fomine, qui a redessiné

Αρ. καταλόγου 6 και 7
Kaj Gottlob: Στο σχέδιο 6 φαίνονται λεπτομέρειες της εισόδου του σηκού της Θόλου και στο σχέδιο 7 λεπτομέρειες του κεντρικού τμήματος της Θόλου. Το 1962 επέστρεψε στη Θόλο των Δελφών για να διορθώσει και να συμπληρώσει τις παρατηρήσεις του, που χρονολογούνταν από το 1923-25, γεγονός που οδήγησε σε σειρά υδατογραφιών που αποκαθιστούν την όψη και τον αρχικό όγκο του κτηρίου, όπως περιγράφεται από τον Erik Hansen, σελ. 23-24.

Δεύτερη περίοδος 1921-1933

Αρ. καταλόγου 8
Στις αρχές του 1900, το ενδιαφέρον για τις τεχνοτροπίες "παλαιού τύπου" και την εξάπλωσή τους έχει εξασθενήσει και ο φονξιοναλισμός αποστασιοποιείται από το παρελθόν. Οι αρχιτέκτονες της νέας εποχής που εργάστηκαν στη Γαλλική Σχολή των Αθηνών, απέρριψαν τις σκιές και τις ενδείξεις των υλικών και η εκτέλεση των σχεδίων γινόταν πια με απλές γραμμές. Τα σχέδια των θεμελίων του θησαυρού της Κυρήνης που έγιναν το 1926 από τον Børge Ploughmann αποτελούν τυπικά παραδείγματα. Αποτύπωσε 44 ανεξάρτητους λίθους που βρίσκονταν στην περιοχή του μνημείου αλλά δεν είχε πραγματική συνεργασία με τους αρχαιολόγους που εργάστηκαν εκεί. Συμβουλεύτηκε κάποια γερμανική έκδοση της εποχής, δεν φαίνεται όμως ότι απεκόμισε αυτά που χρειαζόταν.

Αρ. καταλόγου 9
Η μελέτη του θησαυρού της Κυρήνης στους Δελφούς ολοκληρώθηκε από τον αρχαιολόγο Jean Bousquet το 1946-50 σε συνεργασία με τον αρχιτέκτονα της Σχολής Y. Fomine, ο οποίος

Arkæologen J. Audiat og arkitekten Poul Ernst Hoff siddende ved indgangen til atheniensernes skathus i Delfi i 1930. P.E. Hoff arbejdede i mange år sammen med arkitekten Magnus L. Stephensen på en opmåling af monumentet, der var blevet rekonstrueret i 1903.

L'archéologue J. Audiat et l'architecte Poul Ernst Hoff sont assis près de l'entrée du Trésor des Athéniens de Delphes en 1930. P.E. Hoff a travaillé pendant plusieurs années en avec l'architecte Magnus L. Stephensen au relevé du monument reconstruit en 1903.

Ο αρχαιολόγος J. Audiat και ο αρχιτέκτονας Poul Ernst Hoff καθισμένοι στην είσοδο του θησαυρού των Αθηναίων στους Δελφούς το 1930. Επί αρκετά χρόνια ο P.E. Hoff συνεργάστηκε με τον Magnus L. Stephensen, επίσης αρχιτέκτονα, στις αποτυπώσεις του μνημείου αυτού, το οποίο είχε ανακατασκευαστεί το 1903.

der gentegnede stenene. De viser eksempler på en udvikling i den tegnede iagttagelse, der var sket i de forløbne 25 år.

Katalog nr. 10 og 11
Poul Ernst Hoff og Magnus L. Stephensen arbejdede i 1930 og 1931 sammen om opmålingen af atheniensernes skathus i Delfi. Det skete i samarbejde med arkæologen J. Audiat. Her var der dog ikke tale om rekonstruktion, da bygningen allerede var blevet genopført i 1903 af den franske arkitekt J. Replat, som havde bistået Gerhardt Poulsen og Axel Maar i deres topografiske arbejde på Delos. Hoff og Stephensens tegninger blev en fuldstændig skildring af bygningen i dens rekonstruerede skikkelse i planer, snit, facader og detaljer, som i alt omfattede 26

les blocs. Ses travaux montrent l'évolution de la manière de dessiner, et tiennent compte de l'observation développée pendant les 25 années précédentes.

N° 10 et 11
Poul Ernst Hoff et Magnus L. Stephensen ont travaillé ensemble en 1930 et 1931 sur le trésor des Athéniens à Delphes, en collaboration avec l'archéologue J. Audiat. Il ne s'agissait pas, toutefois, de procéder à une restitution puisque l'édifice avait déjà été reconstruit en 1903 par l'architecte français J. Replat, qui, comme on l'a dit, a travaillé avec Gerhardt Poulsen et Axel Maar sur la topographie de Délos. Les croquis de Hoff et Stephensen ont constitué une description complète du bâtiment après reconstruction, comprenant

ξανασχεδίασε τους λίθους. Διακρίνεται η εξέλιξη της σχεδίασης όσον αφορά στην αξιοποίηση της παρατήρησης στο διάστημα της εικοσιπενταετίας που μεσολάβησε.

Αρ. καταλόγου 10 και 11
Ο Poul Ernst Hoff και ο Magnus L. Stephensen συνεργάστηκαν με το Γάλλο αρχαιολόγο J. Audiat στο Θησαυρό των Αθηναίων στους Δελφούς (1930 –1931). Το μνημείο είχε ήδη ανακατασκευαστεί το 1903 από το Γάλλο αρχιτέκτονα J. Replat, παλιό συνεργάτη των Gerhardt Poulsen και Axel Maar στο γενικό τοπογραφικό της Δήλου. Τα σχέδια των Hoff και Stephensen αποτελούν πλήρη περιγραφή του ανακατασκευασμένου κτηρίου και περιλαμβάνουν κατόψεις, τομές, προσόψεις και λεπτομέρειες (26 πινακίδες). Ειδικά σύμβολα δηλώνουν διαφορετικά υλικά, φθορές ή θραύση

Teamet fra Delos på udflugt til Naxos i juli 1926. Siddende omkring bordet ses fra venstre mod højre: Helge Finsen, P. Collart og Robert Flacelière.

L'équipe de Délos lors d'une excursion à Naxos en juillet 1926. Sont assis autour de la table, de gauche à droite: Helge Finsen, P. Collart et Robert Flacelière.

Η ομάδα της Δήλου σε εκδρομή στη Νάξο, τον Ιούλιο του 1926. Διακρίνονται καθισμένοι γύρω από το τραπέζι από τα αριστερά: Helge Finsen, P. Collart και Robert Flacelière.

plancher. I disse blev der anvendt signaturer til skildring af materiale-forskelle, brudflader og tilkendegivelse af nye sten anvendt i rekonstruktionen. Alle hovedmål er angivet på tegningerne.

Katalog nr. 12

Helge Finsen var en habil opmåler, der i 1932 publicerede sine opmålinger af Trinitatis Kirke og Rundetårn i Københavns centrum, der begge er betydningsfulde monumenter i hovedstaden. Det skete i den sidste publikation, som Foreningen af 3. december 1892 udsendte inden sin nedlæggelse. Helge Finsens mange og omhyggeligt tegnede iagttagelser i 1933 af thebanernes skathus i Delfi, førte ikke til et samarbejde med de franske arkæologer, der kunne introducere ham i det særlige studie af en antik bygning. Han nåede dog frem

plans, coupes, vues et détails, réunis en 26 planches. Les différents matériaux, les cassures, les nouveaux blocs utilisés pour la reconstruction ont été signalés, ainsi que toutes les cotes principales.

N° 12

Helge Finsen a été un architecte compétent, qui a publié ses travaux l'église de la Trinité et Rundetårn, au centre de Copenhague, deux monuments importants de la capitale danoise. Ils ont paru dans la dernière publication de la Société du 3 décembre 1892 avant sa dissolution. Helge Finsen a fourni de nombreux dessins soignés du trésor de Thèbes à Delphes en 1933, mais il n'a pu obtenir des archéologues français la collaboration étroite qui lui amait permis d'étudier à fond l'édifice antique. Il est parvenu, cependant, à restituer le trésor lui-même, comme

επιφανειών και σύγχρονους λίθους ανακατασκευής. Σημειώνονται οι βασικές διαστάσεις.

Αρ. καταλόγου 12

Ο Helge Finsen υπήρξε ικανός αρχιτέκτονας, ο οποίος το 1932 δημοσίευσε τις εργασίες του για το εκκλησία Trinitatis και το Rundetårn στο κέντρο της Κοπεγχάγης, σημαντικά μνημεία και τα δύο της πρωτεύουσας της Δανίας. Δημοσιεύτηκαν στο τελευταίο τεύχος που εξέδωσε ο Σύλλογος της 3ης Δεκεμβρίου 1892 πριν διαλυθεί. Ο μεγάλος αριθμός επιμελημένων σχεδίων του για το θησαυρό των Θηβαίων στους Δελφούς το 1933 δεν οδήγησε σε συνεργασία με τους Γάλλους αρχαιολόγους, πράγμα που θα του έδινε τη δυνατότητα να μελετήσει σε βάθος το αρχαίο κτήριο. Κατόρθωσε, παρ' όλα

til sin egen rekonstruktion af skat-
huset, som denne tegning er et
eksempel på. Men da den franske
arkæolog J.-P. Michaud og arkitek-
ten J. Blécon senere overtog arbej-
det med henblik på en endelig
publikation, fandt de det rigtigst, at
begynde helt forfra i erkendelsen af,
at det er selve iagttagelsen og den
dertil hørende opmålingsproces,
der er afgørende for en forståelse af
det fænomen man vil undersøge og
ikke dokumentationen i sig selv.

Katalog nr. 13

I Helge Finsens arbejde med theba-
nernes skathus i Delfi, finder vi
noget nyt. Det er interessen for
måleenheder og proportioner i den
græske arkitektur. På denne teg-
ning opstiller han en statistisk ana-
lyse, der peger på særlige mål, der
går igen i bygningens stendimen-
sioner og tykkelsen af murskifter
for derved at bestemme hældning-
en af bygningens ydersider.

Tredje periode 1951-

Katalog nr. 14

I denne periode er arkitekterne,
efter forbillede af den danske arki-
tekt Ejnar Dyggve (se s. 28), gået
over til en mere systematisk anven-
delse af signaturer for stenens
behugninger, spor og materialitet,
mens brudflader bliver angivet med
en ensartet, "steril" skravering og
uden nogen gengivelse af naturgiv-
ne forhold eller skygning. Samtidig
bliver stenens seks sider gengivet i
en fastlagt fremstilling, med angi-
velse af tilhørende målrækker.

le montre ce dessin. Toutefois, lor-
sque l'archéologue français J.-P.
Michaud et l'architecte J. Blescon
ont entrepris le travail de publica-
tion du monument, ils ont décidé
de tout recommencer, ayant réalisé
que c'est l'observation ainsi que
toute la procédure qui accompagne
l'étude qui sont essentielles pour la
compréhension de l'objet étudié,
plutôt que la documentation elle-
même.

Nº 13

Le travail d'Helge Finsen fait pour le
trésor de Thèbes à Delphes présente
une nouveauté : l'intérêt pour les
unités de mesure et les proportions
dans l'architecture grecque. Dans ce
dessin, il montre une analyse statisti-
que concernant de mesures spéciales
qui se retrouvent sur les dimensions
des blocs du bâtiment. Il se sert des
épaisseurs des assises des murs extéri-
eurs pour déterminer leur fruit.

Troisième période 1951-

Nº 14

Pendant cette période les architectes
– inspirés de leur collègue et com-
patriote Ejnar Dyggve (p. 28) – se
tournent vers une utilisation plus
systématique de symboles pour ind-
iquer les traces et la nature des
matériaux, tandis que les cassures
sont représentées par un trait sec,
sans ombres ou autres types de
rendu. C'est ainsi que les 6 faces du
bloc ont été présentées de manière
standardisée, accompagnées de leurs
cotes. Le travail sur place, la techni-

αυτά, να σχεδιάσει μια πρόταση
αποκατάστασης, από την οποία
προέρχεται και το σχέδιο της εικόνας.
Όμως, όταν ο Γάλλος αρχαιολόγος J.-
P. Michaud και ο αρχιτέκτονας J.
Blescon ανέλαβαν τη μελέτη του
μνημείου με σκοπό τη δημοσίευσή του,
αποφάσισαν να κάνουν τα σχέδια εξ
αρχής, αναγνωρίζοντας ότι η
παρατήρηση και η διαδικασία της
μελέτης που πηγάζει απ' αυτήν, είναι
σημαντικότερες για την κατανόηση του
αντικειμένου από την ίδια την
τεκμηρίωση.

Αρ. καταλόγου 13

Η εργασία του Helge Finsen για το
Θησαυρό των Θηβαίων στους Δελφούς
παρουσιάζει ένα νέο στοιχείο: το
ενδιαφέρον του για τις μονάδες μέτρη-
σης και τις αναλογίες στην ελληνική
αρχιτεκτονική. Πραγματοποιεί στατι-
στική διαστασιολογική ανάλυση της
τυπολογίας των λίθων του κτηρίου,
επιχειρώντας να υπολογίσει την κλίση
της εξωτερικής παρειάς του κτηρίου.

Τρίτη περίοδος 1951-

Αρ. καταλόγου 14

Κατά την περίοδο αυτή οι αρχιτέκτονες,
έχοντας σαν πηγή έμπνευσης τον Δανό
αρχιτέκτονα Ejnar Dyggve (σελ. 28),
στρέφονται σε μια συστηματικότερη
χρήση των συμβόλων για να αποδώσουν
σχήματα, ίχνη και υλικά λίθων, ενώ οι
θραυσμένες επιφάνειες παρουσιάζονται
με λιτό τρόπο και οι φυσικές
λεπτομέρειες ή οι σκιές παραλείπονται.
Ετσι, οι 6 όψεις του λίθου παρου-
σιάζονται διαστασιολογημένες και με
τυποποιημένο τρόπο. Η επί τόπου
εργασία, η τεχνική της σχεδίασης και η

En af de første arkitekter som kom til Den Franske Skole i 3. periode var Frode Kirk. Her ses han og hans kone i Delfi i 1952 sammen med arkæologen G. Raux og frue (til venstre) og J. Marcadé (til højre).

Parmi les premiers architectes danois de la troisième période arrivés à l'École française, Frode Kirk, photographié avec son épouse à Delphes en 1952, ainsi qu'avec l'archéologue G. Roux et son épouse (à gauche) et J. Marcadé (à droite).

Από τους πρώτους αρχιτέκτονες της τρίτης περιόδου στη Γαλλική Σχολή, ο Frode Kirk μαζί με τη σύζυγό του στους Δελφούς το 1952. Μαζί τους ο αρχαιολόγος G. Roux με τη σύζυγό του (αριστερά) και ο J. Marcadé (δεξιά).

Opmåling på stedet, tegneteknik og valg af signatur udvikles med dette udgangspunkt af Erik Hansen i begyndelsen af 50'erne til en samlet håndværksmæssig proces. Resultatet ser man på Carsten Hoffs eksemplariske opmåling af en friseblok fra Zeus-porten i Thasos fra 1963.

Katalog nr. 15a og 15b

Erik Hansens opmålinger i Delfi 1958-1970 i forbindelse med undersøgelsen af sifniernes skathus er i denne henseende det konkrete forbillede for denne periodes arbejdsform. De to tegninger af den samme sten viser i rækkefølge først blyantstegningen 15a, helt færdiggjort i mål 1:5 og målsat på stedet, hvor stenen befinder sig. Stenens kontur er vist ved lodret og vandret projektion. Behugninger, deres art, retning og afgrænsning til brudfladen er markeret, herunder rester af jern, bly eller farve o.l., i abstrakte signaturer. De

que du dessin et le choix des symboles ont été développés selon la procédure introduite par Erik Hansen au début des années 1950. Les résultats sont visibles sur le travail exemplaire de Carsten Hoff, fait en 1963, concernant un bloc de la frise de la Porte de Zeus à Thasos.

N° 15a et 15b

Les travaux d'Erik Hansen à Delphes entre 1958 et 1970, concernant le trésor de Siphnos, constituent le modèle concret de la méthode de travail pendant cette période. Les deux images du même bloc montrent d'une part le dessin au crayon (15a) à l'échelle 1:5, les mesures ayant été prises sur place. Le contour du bloc est indiqué par projection horizontale et verticale. La forme, son type, la direction et les limites de la surface endommagée sont signalés, en tenant aussi compte des traces de fer, de plomb ou de couleur etc., rendus avec des

επιλογή των συμβόλων θεσπίστηκαν από τη μέθοδο που εισήγαγε ο Erik Hansen στις αρχές της δεκαετίας του '50. Τα αποτελέσματα είναι φανερά στην υποδειγματική εργασία του Carsten Hoff, το 1963, από την οποία επιλέγουμε σχέδιο λίθου της ζωφόρου της πύλης του Διός από τη Θάσο.

Αρ. καταλόγου 15 α και 15β

Οι εργασίες του Erik Hansen για τον θησαυρό των Σιφνίων στους Δελφούς από το 1958 έως το 1970 αποτελούν πρότυπο μεθοδολογίας της αρχιτεκτονικής παρουσίασης εκείνης της εποχής. Οι δύο εικόνες αφορούν τον ίδιο λίθο και περιλαμβάνουν ένα διαστασιολογημένο σχέδιο με μολύβι (σχ. 15 α) σε κλίμακα 1:5, στο οποίο το περίγραμμα του λίθου αποδίδεται με οριζόντια και κάθετη προβολή. Στο σχέδιο υποδηλώνονται με αφηρημένα σύμβολα το σχήμα, ο τύπος, η κατεύθυνση και η έκταση της θραυσμένης επιφάνειας καθώς και τα ίχνη των μεταλλικών συνδέσμων και του χρώματος. Με

Erik Hansen: Analyse af en arbejdsproces, dens redskaber og deres afsætning af spor i en sten (EFA nr. 13866).

Erik Hansen: Analyse de la procédure du travail, les outils et les traces qu'ils laissent sur la pierre (EFA n° 13866).

Erik Hansen: Ανάλυση της διαδικασίας της εργασίας, εργαλεία και τα ίχνη τους επάνω στους λίθους (EFA αρ. 13866).

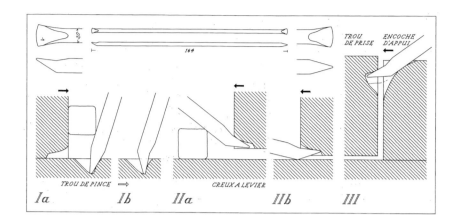

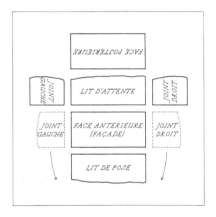

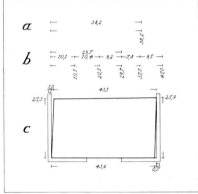

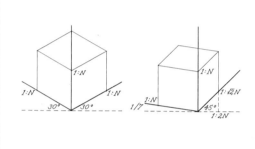

Erik Hansen: Fortegninger til vejledning for fremstilling af en stens 6 sider, deres indbyrdes vinkler og rumlige fremstillinger. Til tekst og målsætning benyttes Dansk Standardskrift II, DS 23.2, 1929 (EFA nr. 13932 og 13933).

Erik Hansen: Dessin-modèle pour la présentation des 6 faces d'un bloc, ainsi que pour la composition des faces sur une planche. Pour le texte et les mesures a été utilisé le standard danois, Danish Standard font II, DS 23.2, 1929 (EFA n° 13932 et 13933).

Erik Hansen: Σχέδιο-υπόδειγμα για την παρουσίαση των 6 πλευρών ενός λίθου καθώς και για τη σύνθεση των όψεων σε πινακίδα. Για το κείμενο και τις μετρήσεις χρησιμοποιήθηκε το δανικό πρότυπο Danish Standard font II, DS 23.2, 1929 (EFA αρ. 13932 και 13933).

dekorative og funktionelle spor, herunder indskrift, er derimod vist med analog signatur. 15b viser dernæst rentegningen af denne døroverligger i skathuset, tegnet med pen og tusch på pergament, lagt direkte over blyantstegningen.

symboles abstraits. Les traces fonctionnelles ou décoratives, comme les inscriptions, sont indiquées de manière analogue. Le dessin 15b montre le linteau de la porte du trésor. Il est fait sur calque à l'encre de Chine, par superposition au dessin précédent.

ανάλογο τρόπο παρουσιάζονται τα ίχνη από τη διακόσμηση ή τη λειτουργία του λίθου, όπως π.χ. οι επιγραφές. Το σχέδιο 15β δείχνει το υπέρθυρο της θύρας του θησαυρού σχεδιασμένο με μελάνι σε διαφανές, αντίγραφο του προηγούμενου με μολύβι.

44

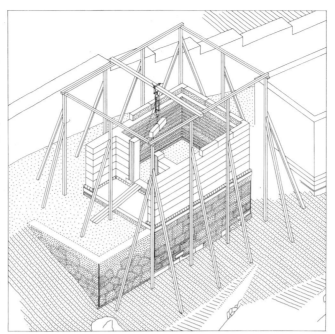
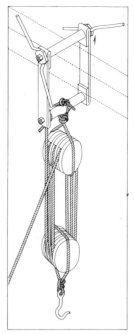

Erik Hansen: Konstruktion af sif-
niernes skathus. Taljen t.h. gengi-
ver den, som i 1903 blev anvendt
ved rekonstruktion af athenienser-
nes skathus (EFA nr. 13865 og
13864).

Erik Hansen: Construction du tré-
sor de Siphnos. La figure de droite
représente la poulie qui a été util-
isée à lors de reconstruction du
Trésor des Athéniens (EFA n°
13865 et 13864).

Erik Hansen: Θησαυρός των
Σιφνίων. Δεξιά, η τροχαλία που
χρησιμοποιήθηκε στην ανακατα-
σκευή του θησαυρού των
Αθηναίων το 1903 (EFA αρ. 13865
και 13864).

Katalog nr. 16

Et eksempel på et tæt samarbejde
mellem arkitekt og arkæolog, i dette
tilfælde en epigrafiker, fandt sted i
undersøgelsen af nord- og østfaca-
derne i sifniernes skathus, som er
fyldt med indskrifter. Somme tider
kan epigrafikerens rekonstruktioner
af en tekst medvirke til at placere
bygningsfragmenter i forhold til hin-
anden. I andre tilfælde giver en stens
placering i en facade mulighed for at
bestemme en indskrifts udstrækning,
der ofte strækker sig over flere sten.
Her ses resultatet af et samarbejde
mellem Erik Hansen og G. Daux.

Katalog nr. 17

I sifniernes skathus spiller den deko-
rative anvendelse af skulpturer en
stor rolle i arkitekturen. Her ses en
tegnet analyse af de bevarede frag-
menter af karyatiderne i bygningens
facade. Indskrevne mål på højden af

N° 16

Un exemple de collaboration
étroite entre architecte et archéolo-
gue, épigraphiste dans ce cas, à
l'occasion de l'étude des façades
Nord et Est du trésor de Siphnos,
couvertes d'inscriptions. Parfois, la
restitution d'un texte proposée par
l'épigraphiste aide à placer les diffé-
rents fragments sur un édifice. Dans
d'autres cas, l'emplacement d'un
bloc sur la façade offre l'occasion
de préciser la longueur d'une
inscription qui, souvent, est gravée
sur plusieurs blocs. Le résultat de
cette collaboration entre Erik
Hansen et Georges Daux est visible
sur cette image.

N° 17

L'utilisation décorative des sculptu-
res joue un rôle primordial dans
l'architecture du trésor de Siphnos.
L'image présente une analyse de

Αρ. καταλόγου 16

Ενα παράδειγμα στενής συνεργασίας
μεταξύ αρχιτέκτονα και αρχαιολόγου,
ειδικού στις επιγραφές, από τη μελέτη
της βόρειας και ανατολικής όψης του
θησαυρού των Σιφνίων, οι οποίες
καλύπτονται από επιγραφές. Συχνά, οι
αποκαταστάσεις των κειμένων που
προτείνονται από τους επιγραφικούς
βοηθούν τους αρχιτέκτονες να κάνουν
συσχετισμούς λίθων και να προσ-
διορίσουν τη θέση τους. Σε άλλες
περιπτώσεις, η τοποθέτηση ενός λίθου
στην πρόσοψη δίνει την ευκαιρία να
καθοριστεί το μήκος μιας επιγραφής η
οποία έχει γραφεί σε περισσότερους
από ένα λίθο. Στην εικόνα βλέπουμε το
αποτέλεσμα της συνεργασίας του Erik
Hansen και του Georges Daux.

Αρ. καταλόγου 17

Στο θησαυρό των Σιφνίων, η δια-
κοσμητική χρήση των γλυπτών παίζει
σημαντικό ρόλο στην αρχιτεκτονική.

Argos, oktober 1958. To danske arki-
tekter, Erik Hansen til venstre og
Karsten Rønnow til højre tegner pro-
filer af udgravningens vægge.

Argos, octobre 1958. Deux architectes
danois, Erik Hansen à gauche et
Karsten Rønnow à droite ont dessiné
les profils des parois d'une tranchée.

Άργος, Οκτώβριος 1958. Δύο Δανοί
αρχιτέκτονες, ο Erik Hansen αριστερά
και ο Karsten Rønnow δεξιά σχεδίασαν
τις παρειές μιας αύλακας.

Βλέπουμε σκαρίφημα ανάλυσης των
σωζόμενων θραυσμάτων Καρυατίδων
από την πρόσοψη του μνημείου. Οι
μετρήσεις των υψών των δομών είχαν
μεγάλη σημασία για τον υπολογισμό του
ακριβούς ύψους των Καρυατίδων και,
κατά συνέπεια, του ύψους του κτηρίου.
Η σειρά των στρώσεων μπορεί να
βοηθήσει στον προσδιορισμό της θέσης
της επιγραφής, όπως περιγράφεται
στον αρ. 16.

de uens skifter har været vigtige for
at bestemme bygningens, og der-
med karyatidernes præcise højde.
Skifternes rækkefølge kan medvirke
til at bestemme indskrifternes place-
ring, som vist i nr. 16.

Katalog nr. 18
Ved de store udgravninger i Delfi
blev der fundet tagstensfragmenter
med farvede dekorationer. I 1958
arbejde arkitekten Karsten Rønnow
sammen med den franske arkæolog
Christian Le Roy på en samlet
undersøgelse af disse bygningsdele.
Ved gengivelse af farverne, ind-
brændt i lerets overflade, har man
fulgt Ejnar Dyggves forbillede fra

fragments des caryatides conservés
sur la façade du bâtiment. Les mesu-
res de hauteur des assises ont été
importantes pour déterminer la
hauteur exacte des caryatides et
ainsi, celle du bâtiment entier.
L'ordre des assises peut aider à pré-
ciser l'emplacement de l'inscription,
comme il est expliqué au n° 16.

N° 18
Des fragments de tuile décorés de
motifs en couleur furent découverts
pendant la grande fouille. En 1958
l'architecte Karsten Rønnow colla-
bora à l'étude de ces fragments avec
l'archéologue Christian Le Roy. Ils
utilisèrent les conventions établies

Αρ. καταλόγου 18
Κατά τη μεγάλη ανασκαφή των
Δελφών ανακαλύφθηκαν θραύσματα
κεραμίδων με έγχρωμο γραπτό διά-
κοσμο. Το 1958 ο αρχιτέκτονας Karsten
Rønnow συνεργάστηκε με το Γάλλο
αρχαιολόγο Christian Le Roy σε μια
συνολική μελέτη του υλικού.
Επιχείρησαν να αναπαραγάγουν τα
χρώματα που είχαν καταστραφεί από

Argos oktober 1958. Arkæologer og arkitekter samlet omkring et bord konstrueret af en dansk arkitekt til tegning af keramikprofiler. Forrest til venstre Erik Hansen, bag ham Paul Courbin, Karsten Rønnow (med pibe) og M. de Maujouy.

Argos, octobre 1958. Des archéologues et des architectes réunis autour d'une table conçue par un architecte danois pour dessiner les profils de céramique. A gauche, Erik Hansen, derrière lui Paul Courbin, Karsten Rønnow (avec la pipe) et M. de Maujouy.

Άργος, Οκτώβριος 1958. Αρχαιολόγοι και αρχιτέκτονες γύρω από ένα τραπέζι σχεδιασμένο από Δανό αρχιτέκτονα ειδικά για τη σχεδίαση κεραμεικής. Αριστερά, ο Erik Hansen, πίσω του ο Paul Courbin, ο Karsten Rønnow (με την πίπα) και ο M. de Maujouy.

Kalydon-publikationen *Das Laphrion* (1948), hvor farverne er vist med tegnede symboler, der udgøres af forskellige former for skravering og prikning.

Katalog nr. 19a og 19b
Ved opmålingen af Kastalias kilde i Delfi, der hovedsagelig er udhugget i klippen, har Annelise Bramsnæs brugt den samme udfoldning og de samme signaturer, som anvendtes ved opmåling af byggesten og angivelse af behugningens karakter. I nr. 19a ses opmålingsark fra feltarbejdet, der er tegnet i blyant i målestokken 1:50, mens nr. 19b viser optegningen gjort med pen og tusch.

par Ejnar Dyggve dans sa publication au Kalydon, *Das Laphrion* (1948), pour représenter les couleurs brûlées préservées sur la surface de l'argile. Divers types de hachures et de pointillés étaient utilisé dans ces conventions.

N° 19a et 19b
Pendant la fouille de la fontaine Castalie à Delphes, taillée dans le rocher, Annelise Bramsnæs a utilisé les mêmes principes de dessin que ceux décrits ci-dessus pour les édifices, notamment des symboles indiquant la texture des surfaces après la taille du rocher. L'image 19a montre les croquis de travail faits au

φωτιά στην επιφάνεια του πηλού, ακολουθώντας τις σχεδιαστικές υποθέσεις και τα σύμβολα (διαφόρων ειδών διαγραμμίσεις), που χρησιμοποίησε ο Ejnar Dyggve, όπως δημοσιεύτηκαν στο έργο του για την Καλυδώνα *Das Laphrion* (1948).

Αρ. καταλόγου 19α και 19β
Κατά τη διάρκεια των εργασιών στην Κασταλία πηγή στους Δελφούς, που είναι λαξευμένη στο βράχο, η Annelise Bramsnæs χρησιμοποίησε τις ίδιες σχεδιαστικές αρχές με εκείνες που περιγράφηκαν ήδη, κυρίως τα σύμβολα που υποδηλώνουν την υφή των επιφανειών μετά τη λάξευση του βράχου. Η εικόνα 19α παρουσιάζει σκαριφήματα

Annelise Bramsnæs i udgravningshuset i Delfi i færd med at rentegne sin opmåling af Kastalias kilde, vinter 1964.

Annelise Bramsnæs dans la maison de fouilles à Delphes, en train de préparer un dessin de la Fontaine Castalie, hiver 1964.

Η Annelise Bramsnæs στην οικία ανασκαφών στους Δελφούς, ενώ ετοιμάζει σχέδια της Κασταλίας, χειμώνας 1964.

Katalog nr. 20 og 21

Et af de seneste opmålingsarbejder foregår i øjeblikket på Cypern, hvor Torben Thyregod Jensen i samarbejde med Den Franske Skoles arkitekt Martin Schmid undersøger Afrodite-templet i Amathonte. Nr. 20 viser under- og overside og opstalt af søjletromle, med angivelse af mål. Tegning nr. 21 viser kapitælfragmenter målt og tegnet i en rekonstruerende sammensætning med angivelse af formodede dimensioner.

Eksempler fra Erik Hansens undersøgelse af Apollon-templet i Delfi

Katalog nr. 22

Friseblok med metope og triglyf, målt og tegnet i 1:5. Alle stenens sider er vist med anvendelse af signaturer for behugning med spidsmejsel, fladmejsel og tandmejsel. Alle betydningsfulde mål er ind-

crayon, au 1:50 sur le site, la 19 b le dessin encré.

N° 20 et 21

Une fouille récente à Chypre, où Torben Thyregod Jensen collabore avec Martin Schmid, architecte de l'École française, à l'étude du temple d'Aphrodite à Amathonte. Le dessin n° 20 représente un chapiteau du pilastre presque complet. Le dessin n° 21 indique le plan du lit de pose et du lit d'attente ainsi que l'élévation d'un tambour de colonne, avec les cotes principales.

Exemples de l'étude d'Erik Hansen sur le temple d'Apollon à Delphes

N° 22

Bloc de frise avec métope et triglyphe, dessiné et coté, à l'échelle 1:5. Toutes les faces du bloc portent des symboles indiquant des traces d'outil (pointe, ciseau plat et gradine).

εργασίας με μολύβι, σε κλίμακα 1:50, που έγιναν επί τόπου ενώ στην εικόνα 19 β το σχέδιο έχει ολοκληρωθεί με μελάνι.

Αρ. καταλόγου 20 και 21

Εικόνα από πρόσφατη ανασκαφή στην Κύπρο, όπου ο Torben Thyregod Jensen συνεργάζεται με τον Martin Schmid, αρχιτέκτονα της Γαλλικής Σχολής, στη μελέτη του ναού της Αφροδίτης στην Αμαθούντα. Στο σχ. 20 παρουσιάζεται κάτοψη των βάσεων και όψη σπονδύλου κίονα, με τις κυριότερες διαστάσεις τους. Στο σχ. 21 σχεδιάστηκαν θραύσματα κιονοκράνου καθώς και οι βασικές διαστάσεις με σκοπό τη γραφική του αποκατάσταση.

Παραδείγματα από τη μελέτη του Erik Hansen για το ναό του Απόλλωνος στους Δελφούς

Αρ. καταλόγου 22

Λίθος από τη ζωφόρο με μετόπη και τρίγλυφο, διαστασιολογημένος και σχεδιασμένος σε κλίμακα 1:5. Όλες οι όψεις του φέρουν σύμβολα ιχνών εργα-

skrevet på tegningen, mens brudflader, der er uden betydning for forståelsen, blot er angivet ved en neutral skravering. En lille vinkelforskel mellem blokkens underside og den lodrette triglyf viser, at bygningen har haft kurvatur, som er godt kendt fra Parthenon. Spor af efterhugning på blokkens bagside viser en opbygning af fire lave skifter. En efterhugning af forsiden omkring et ophængt skjold, der har dækket over en oprindelig stukbehandling, hænger sammen med en brand i romersk tid, som også kendes fra en bevaret indskrift (se foto på omslagets bagside).

Katalog nr. 23
Tre symmetrisk anbragte huller må tydes som en fastgørelse af reb benyttet til ophængning af stenen vist i nr. 22, under dens placering på arkitraven. Man kan eftervise, at dette er foregået fra venstre mod højre, fra et hjørne mod bygningens midte.

Katalog nr. 24 og 25
Cellaens store gulvfliser, som måler 150 x 85 x 33 centimeter, er udstyret med talrige udhugninger. Tilsvarende behugninger på det underliggende skiftes overside, giver udtryk for stenens behandling under oplægningen, med talrige afprøvninger, efterhugning, slibning og polering, til den perfekte tilpasning er opnået. Et karakteristika for den græske arkitektur og dens byggeteknik. Den sidste sten i rækken bliver sænket ned fra oven, i forvejen tilpasset efter pasmærker i stenens ende og på det underliggende skifte. Herigennem kan vi næsten

Toutes les cotes importantes sont portées sur le dessin, tandis que les surfaces brisées non significatives sont rendues par de simples hachures. Une petite différenciation de l'angle entre le lit de pose du bloc et la face portant le triglyphe montre que l'édifice était courbe, ce qui est connu aussi au Parthénon. Des traces après pose sur la face postérieure du bloc indiquent la construction de quatre assises. Sur la face principale, les traces visibles autour d'un bouclier suspendu, couvert de stuc, devraient être dues à un incendie survenu pendant l'époque romaine, connu par une inscription (voir photo de couverture).

N° 23
Trois trous creusés de manière symétrique doivent être interprétés comme des attaches de corde, utilisé pour suspendre le bloc comme il est montré sur le n° 22, pendant sa mise en place sur l'architrave. Il est possible que cela se faisait de gauche à droite, à partir d'un angle vers le milieu de l'édifice.

N° 24 et 25
Les grandes dalles de la cella, mesurant 150 x 85 x 33 cm, portent de nombreuses traces de levage. La comparaison entre ces traces de levage et celles qui y correspondent sur le lit d'attente de l'assise inférieure prouve que le bloc était retravaillé lors de sa mise en place; après quelques essais ainsi que les derniers détails de finition et de polissage, il était posé définitivement à sa place. Il s'agit d'une caractéristique de l'architecture grecque et de la technique de construction. Le dernier bloc

λείων (ακίδα, σμίλη, ξοΐδα). Οι βασικές διαστάσεις αναγράφονται και οι θραυσμένες επιφάνειες που δεν έχουν ιδιαίτερη σημασία για την κατανόηση της αρχιτεκτονικής του μνημείου αποδίδονται με απλή γραμμοσκίαση. Η ελαφρά διαφοροποίηση της ακμής μεταξύ κάτω βάσης και κύριας όψης αποδεικνύει ότι το κτήριο ήταν κυρτό, όπως συμβαίνει και με τον Παρθενώνα. Ίχνη στην πίσω όψη του λίθου, που δημιουργήθηκαν μετά την τοποθέτησή του στο κτήριο υποδηλώνουν την ύπαρξη τεσσάρων στρώσεων λίθων. Στην κύρια όψη, τα ίχνη γύρω από την αναρτημένη ασπίδα που καλύπτεται από στούκο, θα πρέπει να συσχετιστούν με πυρκαγιά που σημειώθηκε κατά τη ρωμαϊκή εποχή και για την οποία έχουμε επιγραφική μαρτυρία (βλ. εικόνα εξωφύλλου).

Αρ. καταλόγου 23
Τρεις συμμετρικές οπές στην επιφάνεια του λίθου μπορούν να ερμηνευτούν σαν σημαία στερέωσης του σχοινιού που χρησιμοποιήθηκε για τη μεταφορά του λίθου, όπως περιγράφεται στον αρ. 22, κατά την τοποθέτηση του επιστυλίου. Η τοποθέτηση γινόταν από τα αριστερά προς τα δεξιά, από τη γωνία προς το μέσον του κτηρίου.

Αρ. καταλόγου 24 και 25
Οι μεγάλες πλάκες δαπέδου του σηκού, διαστάσεων 150 x 85 x 33 εκ. φέρουν αρκετά ίχνη οπών ανυψώσεως. Η σύγκριση μεταξύ αυτών και των αντιστοίχων τους στην άνω βάση της υποκείμενης στρώσης αποδεικνύει ότι ο λίθος είχε υποστεί συμπληρωματική κατεργασία κατά την τοποθέτησή του. Μετά από δοκιμές, και στο τέλος των εργασιών αποπεράτωσης και λείανσης, ο λίθος κατέληγε στην οριστική

med sikkerhed genfinde hver eneste gulvflises oprindelige placering og fastslå rækkefølgen i deres lægning.

Katalog nr. 26

Her er tegnet en af de bedst bevarede fliser, hvis placering omtrent midt i den forreste del af cellaen, har kunnet fastslås med sikkerhed. Værktøjsspor, indridsede linjer og rester af to lodrette dorne viser, at der på dette sted har stået en spærrevæg tværs over cellaen med en bred åbning i midten. Foran denne har der stået en mindre base eller et alter. Det er det nærmeste vi har kunnet komme til de skrevne kilders lukkede rum, adyton, hvor Sibyllen, siddende på en trefod, profeterede om fremtiden.

Topografiske målinger fra Delfi 1963-67 og fra Malia 1964-68

Katalog nr. 27

Ved den detaljerede planopmåling i Delfi af Apollons helligdom i 1963, blev hele området inddelt i 20 delplaner, der alle blev målt og tegnet i målestokken 1:50 på stedet. Udgangspunktet var fikspunkter markeret i terræn ved koordinatsatte messingdorne i et 10-meter net, som kan anvendes af eftertiden ved detailopmålinger og kotering. I fortsættelse heraf fulgte opmålingen i 1964 af fem snit, der gik igennem hele området. Planer og snit blev fremstillet ved hjælp af de tidligere nævnte projektionsmetoder, og der blev udarbejdet signaturer for spor, be-

d'une série est placé légèrement plus bas, déjà préparé suivant les marques de maçon taillées sur son extrémité et sur son lit de pose. C'est ainsi qu'il devient possible de localiser chaque dalle et de déterminer l'ordre de sa mise en place.

N° 26

Une des dalles les mieux conservées a été dessinée ici. Son positionnement à peu près au milieu de la partie avant de la cella est certain. Les traces d'outils, les brettures ainsi que deux traces d'un outil vertical qui servait à fixer, indiquent qu'à cet emplacement se trouvait un mur de barrière avec une large baie au milieu; devant celle-ci, il y avait une petite base ou un autel. C'est l'hypothèse la plus avancée que l'on puisse émettre, en suivant les sources antiques qui mentionnent une pièce fermée, l'Adyton, où la Pythie prophétisait, assise sur un trépied.

Études topographiques de Delphes 1963-67 et de Malia 1964-68

N° 27

Sur le plan d'ensemble détaillé du sanctuaire d'Apollon de Delphes de 1963, la surface totale a été divisée en 20 parties, toutes mesurées et dessinées au 1:50. Les points fixant le carroyage de 10m ont été marqués sur le sol, de manière à pouvoir être réutilisés lors d'une campagne ultérieure. L'année suivante, ont été élaborées 5 coupes à travers l'ensemble de la surface étudiée. Les plans et les coupes ont été réalisés suivant les méthodes de projection exposées ci-

του θέση. Η τεχνική είναι χαρακτηριστική στην αρχαία ελληνική αρχιτεκτονική. Ο τελευταίος λίθος κάθε σειράς τοποθετείται ελαφρά χαμηλότερα και έχει ήδη προετοιμαστεί σύμφωνα με τα τεκτονικά σύμβολα που βρίσκουμε χαραγμένα στα άκρα του και στην κάτω βάση. Έτσι είναι δυνατό να προσδιοριστεί η ακριβής θέση κάθε πλάκας καθώς και η σειρά τοποθέτησής της.

Αρ. καταλόγου 26

Σχέδιο πλάκας δαπέδου, από τις καλύτερα διατηρημένες. Η θέση της στο μέσον περίπου του εμπρόσθιου τμήματος του σηκού θεωρείται βέβαιη. Τα ίχνη εργαλείων (κυρίως χτένι), καθώς και δύο άλλα, προερχόμενα από εργαλείο που στερέωνε κατακόρυφα, καταδεικνύουν ότι στη θέση αυτή υπήρχε φράγμα με μεγάλο άνοιγμα στο μέσον. Μπροστά στο άνοιγμα βρισκόταν μικρή βάση ή βωμός. Δεν μπορούμε να προχωρήσουμε περισσότερο την υπόθεση αυτή, η οποία στηρίζεται στις αρχαίες πηγές που αναφέρουν την ύπαρξη κλειστού χώρου, του αδύτου, όπου η Πυθία έδινε τους χρησμούς καθισμένη σε τρίποδα.

Τοπογραφικές μελέτες Δελφών 1963-67 και Μαλίων 1964-68

Αρ. καταλόγου 27

Στη λεπτομερή και διαστασιολογημένη γενική κάτοψη του ιερού του Απόλλωνος των Δελφών που έγινε το 1963, η συνολική επιφάνεια έχει διαιρεθεί σε 20 τμήματα, σχεδιασμένα σε κλίμακα 1:50. Αναγράφονται οι βασικές τους διαστάσεις. Τα σταθερά σημεία που ορίζουν τον κάναβο 10 μ, έχουν σημειωθεί στο έδαφος ώστε να είναι δυνατή η χρησιμοποίησή τους στο μέλλον. Τον

Delfi 1963. Erik Hansen forklarer det første hold arkitektstuderende om det kommende opmålingsarbejde. Fra venstre: Gregers Algreen-Ussing, Erik Hansen, Jan Gehl, Thorsteinn Gunnarsson, Anders Halse, Fritz Gravesen, Niels F. Truelsen, Knud Våben, en uidentificeret pige and Poul Erik Hansen.

Delphes 1963. Erik Hansen explique à la première équipe d'étudiants danois quel type de relevés ils vont entreprendre. De gauche à droite: Gregers Algreen-Ussing, Erik Hansen, Jan Gehl, Thorsteinn Gunnarsson, Anders Halse, Fritz Gravesen, Niels F. Truelsen, Knud Våben, jeune fille non identifiée et Poul Erik Hansen.

Δελφοί 1963. Ο Erik Hansen εξηγεί στην πρώτη ομάδα φοιτητών της αρχιτεκτονικής πώς να πραγματοποιούν τις αποτυπώσεις των μνημείων, λίγο πριν την έναρξη των εργασιών. Από αριστερά: οι Gregers Algreen-Ussing, οι Erik Hansen, οι Jan Gehl, οι Thorsteinn Gunnarsson, οι Anders Halse, οι Fritz Gravesen, οι Niels F. Truelsen, οι Knud Våben, μια φοιτήτρια της οποίας το όνομα δεν είναι γνωστό και ο Poul Erik Hansen.

hugningstyper og snitflader, som blev tilpasset stedets sammensætning af de foreliggende kulturlag. Kun sten *in situ* og sten oplagt med rekonstruerende sigte blev målt ind på tegningerne. Arbejdet blev igangsat på initiativ af Erik Hansen, bistået af Gregers Algreen-Ussing og Annelise Bramsnæs. I alt deltog 23 danske arkitekter og arkitektstuderende i opmålingen. Rentegning med pen og tusch udførtes i årene 1964-1967 af Gregers Algreen-Ussing og Annelise Bramsnæs. Her er vist de publicerede planer i målestokken 1:100, sat sammen til en plan.

Eksempler på opmålings- og tegneredskaber brugt under opmålingerne og rentegningerne i Delfi ses i kataloget side 83.

dessus et les mêmes symboles ont été utilisés pour le rendu des traces. Seuls les blocs *in situ* et ceux utilisés pour la reconstruction ont été mesurés sur les dessins. Ce travail a été commencé à l'initiative de Erik Hansen, assisté de Gregers Algreen-Ussing et Annelise Bramsnæs. 21 architectes et étudiants d'architecture danois ont participé à cette campagne. Le travail d'encrage a été fait pendant les années 1964-67 par Gregers Algreen-Ussing et Annelise Bramsnæs. On peut voir ici les plans publiés au 1:100, assemblés sur un plan d'ensemble. Des exemples d'instruments de chantier et de dessin, utilisés pendant ces campagnes de Delphes figurent dans la page 83 du catalogue.

επόμενο χρόνο έγιναν 5 γενικές τομές. Οι κατόψεις και οι τομές πραγματοποιήθηκαν βάσει των μεθόδων προβολής που αναφέρθηκαν σε προηγούμενα σχέδια και χρησιμοποιήθηκαν τα ίδια σύμβολα για την απόδοση των ιχνών. Αποτυπώθηκαν όσοι λίθοι βρέθηκαν *in situ* και εκείνοι που χρησιμοποιήθηκαν στις ανακατασκευές. Οι εργασίες άρχισαν με πρωτοβουλία του Erik Hansen και υπό την εποπτεία των Gregers Algreen-Ussing και Annelise Bramsnæs. 21 Δανοί αρχιτέκτονες και φοιτητές της αρχιτεκτονικής συμμετείχαν στο πρόγραμμα. Τα σχέδια ολοκληρώθηκαν με μελάνι κατά τα έτη 1964-67 από τον G. Algreen-Ussing και την Annelise Bramsnæs. Βλέπουμε στην εικόνα σύνθεση των δημοσιευμένων σχεδίων σε κλίμακα 1:100.

51

Delfi 1964. Christos Kaltsis hugger med mejsel i en stenblok for at vise de arkitektstuderende, hvordan man kan forstå afsætningen af spor og mærker af en behugning. Fra venstre: Ole Christensen, Søren Blaabjerg (skjult), Christos Kaltsis, Thorsteinn Gunnarsson (skjult), Uffe Henriksen og Jens Damborg.

Delphes 1964. Christos Kaltsis fait une démonstration aux étudiants architectes danois de l'utilisation des instruments de taille sur un bloc de pierre pour leur apprendre les différentes sortes de taille. De gauche à droite: Ole Christensen, Søren Blaabjerg (caché), Christos Kaltsis, Thorsteinn Gunnarsson (caché), Uffe Henriksen et Jens Damborg.

Δελφοί 1964. Ο Χρήστος Καλτσής δείχνει στους φοιτητές τα ίχνη που αφήνουν στην πέτρα τα διάφορα εργαλεία του λιθοξόου. Από αριστερά οι Ole Christensen, οι Søren Blaabjerg (δεν φαίνεται), οι Christos Kaltsis, οι Thorsteinn Gunnarsson (δεν φαίνεται), οι Uffe Henriksen και ο Jens Damborg.

Katalog nr. 28a-b og 29a-b
Hver delplan og hver snitdel blev målt og tegnet af en enkelt person. I helligdommens nordvestre hjørne blev teaterets plan og snit målt og tegnet af Thorsteinn Gunnarsson. Nr. 28a og 29a viser hans opmåling i blyant, foretaget i målestokken 1:50. Ved hjælp af teodolit og indsatte fikspunkter afgrænses eventuelle forskydninger i delmålene til afgrænsede felter. Indskrifter, indhuggede huller og byggemærker samt stenenes bearbejdning med forskellige mejselstyper er tegnet ind, hvor de er synlige og i den retning de er sat, både i plan og snit. Nr. 28b og 29b viser rentegningen i pen og tusch.

Nº 28a-b et 29a-b
Chaque plan partiel et chaque coupe ont été mesurés et dessinés par une seule personne. A l'angle Nord-Ouest du sanctuaire, le plan et la coupe ont été mesurés par Thorsteinn Gunnarson. Les figures 28a et 29a montrent son travail au crayon concernant le Théâtre, au 1:50. A l'aide du théodolite et de points fixes, il est possible de définir des coupes en tenant compte aussi de mesures secondaires. Les inscriptions, traces d'outil ou de levage, marques de maçon ainsi que la finition avec différents types de ciseau ont été indiquées si elles sont visibles et dans la direction où elles ont été faites, en plan aussi bien qu'en

Στη σελίδα 83 του καταλόγου βλέπουμε μερικά εργαλεία πεδίου καθώς και όργανα σχεδίασης τα οποία χρησιμοποιήθηκαν κατά την τοπογράφηση και σχεδίαση του Άτλαντα των Δελφών.

Αρ. καταλόγου 28α-β και 29α-β
Κάθε επί μέρους κάτοψη και κάθε τομή μετρήθηκε και σχεδιάστηκε από το ίδιο άτομο. Στη ΝΔ γωνία του ιερού η κάτοψη και η τομή σχεδιάστηκαν από τον Thorsteinn Gunnarson. Οι εικόνες δείχνουν σχέδιο του θεάτρου με μολύβι σε κλίμακα 1:50. Οι τομές έγιναν με θεοδόλιχο και λήψη σταθερών σημείων καθώς και με συμπληρωματικές μετρήσεις. Έχουν σημειωθεί οι επιγραφές, τα ίχνη εργαλείων ή ανύψωσης

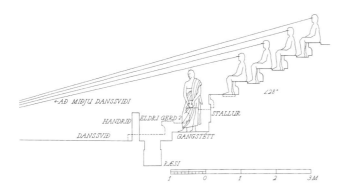

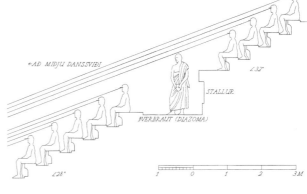

Tilskuernes synsvinkler er rettet mod midten af orkestra og viser at fundamentet under den forreste bænk har tilladt trafik på fodgængerarealet rundt om orkestra uden at forstyrre dans og spil, foretaget på orkestra og skene. En hypotetisk ældre profil med tre bænke er vist med punkteret linje.

L'angle optique des spectateurs est dirigé vers le milieu de l'orchestra. La fondation sous le premier gradin a permis la circulation des piétons autour de l'orchestra sans déranger la danse ou le déroulement d'une pièce de théâtre sur la scène ou l'orchestra. Un profil hypothétique plus ancien avec trois bancs est représenté avec une ligne en pointillé.

Η οπτική γωνία των θεατών στοχεύει στο μέσον της ορχήστρας. Η θεμελίωση κάτω από την πρώτη σειρά εδωλίων επέτρεπε την κυκλοφορία των πεζών γύρω από την ορχήστρα χωρίς να παρεμποδίζονται τα δρώμενα στη σκηνή ή στην ορχήστρα. Παρατίθεται παλαιότερη υποθετική τομή τριών εδωλίων με εστιγμένη γραμμή.

© Thorsteinn Gunnarsson 1991.

Bænkenes vandrette flade er delt i tre dele: 1) siddeplads, 2) gangareal, 3) neutral del under fremspringet på den ovenfor liggende bænk. I teatrets øvre del er bænkene skubbet tættere sammen således at hældningen øges fra 28 grader til de 32, og tilskuerne har måttet sidde med krummede ben.

La surface horizontale des gradins est divisée en trois parties: 1) siège, 2) passage piétons 3) partie «neutre» sous le gradin. Dans la partie supérieure du théâtre, les gradins ont été reserrés et la pente a augmenté de 28° à 32°, obligeant les spectateurs à plier les jambes sous leur siège.

Η οριζόντια επιφάνεια των εδωλίων χωρίζεται σε τρία μέρη: 1) κάθισμα, 2) χώρος διέλευσης πεζών 3) "ουδέτερη" ζώνη κάτω από το εδώλιο. Στο άνω μέρος του θεάτρου, τα εδώλια έχουν πυκνότερη διάταξη και η κλίση αυξάνεται από 28° σε 32°, με αποτέλεσμα οι θεατές να χρειάζεται να λυγίζουν τα πόδια κάτω από το κάθισμά τους.

Katalog nr. 30a-b
I 1964 blev en tilsvarende detaljeret planopmåling sat i gang i Malia på Kreta af den franske arkæolog O. Pelon. Arbejdet blev ledet af Elga Andersen, som også rentegnede de 8 delplaner og sammensatte dem til en samlet plan. Opmålingerne blev udført af 6 arkitektstuderende efter de samme principper som Delfi opmålingen, men med en ændring af en række signaturer, hvor materialeforskelle i stentyper og udfyld-

coupe. Les figures n° 28b et 29b montrent le dessin final à l'encre.

N° 30a-b
En 1964 une étude détaillée similaire a été entreprise à Malia en Crète par l'archéologue français O. Pelon. Les travaux ont été suivis par Elga Andersen, qui a dessiné à l'encre les 8 dessins partiels et les a assemblés pour obtenir un plan complet. 6 étudiants en architecture ont participé à cette campagne et ont suivi

των λίθων, τα τεκτονικά σύμβολα καθώς και η χρήση σμίλης για την αποπεράτωση της εργασίας, στα σημεία που είναι ορατά και στην κατεύθυνση όπου εμφανίζονται, σε κάτοψη και σε τομή. Το τελικό σχέδιο με μελάνι φαίνεται στην εικόνα 28 β και 29 β.

Αρ. καταλόγου 30α-β
Το 1964 έγινε ανάλογη λεπτομερής μελέτη στα Μάλια της Κρήτης από τον αρχαιολόγο O. Pelon. Οι εργασίες

Kreta 1964. Elga Andersen udsætter fikspunkter ved hjælp af teodolit i paladset i Malia.

Crète 1964. Elga Andersen pose les points fixes à l'aide du théodolite dans le palais de Malia.

Κρήτη 1964. Η Elga Andersen τοποθετεί σταθερά σημεία με τη βοήθεια θεοδόλιχου στο ανάκτορο των Μαλίων.

πραγματοποιήθηκαν υπό την εποπτεία της Elga Andersen, η οποία σχεδίασε με μελάνι τις 8 επί μέρους κατόψεις και τις συνέθεσε σε πινακίδα ώστε να συμπληρωθεί η γενική κάτοψη. Έξι φοιτητές της αρχιτεκτονικής συμμετείχαν στο πρόγραμμα και ακολούθησαν τις ίδιες σχεδιαστικές αρχές με αυτές των Δελφών. Η σειρά των συμβόλων παρουσιάζει κάποιες διαφορές, ώστε να υποδηλωθούν οι τύποι των λίθων και των υλικών πλήρωσης και να αποδοθούν τα ίχνη ανύψωσης των λίθων και να γίνουν οι κατασκευές και η ιστορία τους περισσότερο κατανοητές. Το σχέδιο αρ. 30α παρουσιάζει τμήμα του ανακτόρου με τους αποθηκευτικούς χώρους σε κλίμακα 1:50. Στην εικόνα 30β το ίδιο σχέδιο με μελάνι, δημοσιεύτηκε σε κλίμακα 1:100.

ning havde en betydning på linje med behugningerne for forståelse af konstruktionerne og deres historie. Nr. 30a viser opmålingen i 1:50 af et delområde med kornmagasiner foretaget på stedet i blyant. Nr. 30b viser den samme plan rentegnet i pen og tusch, der ved publiceringen er reduceret til målestokken 1:100.

les mêmes principes qu'à Delphes. Il y a eu une modification dans la série des symboles, pour indiquer les différents types de pierre et de remplissage si nécessaire, ou pour rendre compte des traces de levage rendant les structures et leur histoire plus compréhensibles. Le n° 30a présente un plan partiel du palais au 1:50, avec les lieux de stockage. Le même plan encré figure sur 30b ; il a été publié au 1: 100.

Katalog

Catalogue

Κατάλογος

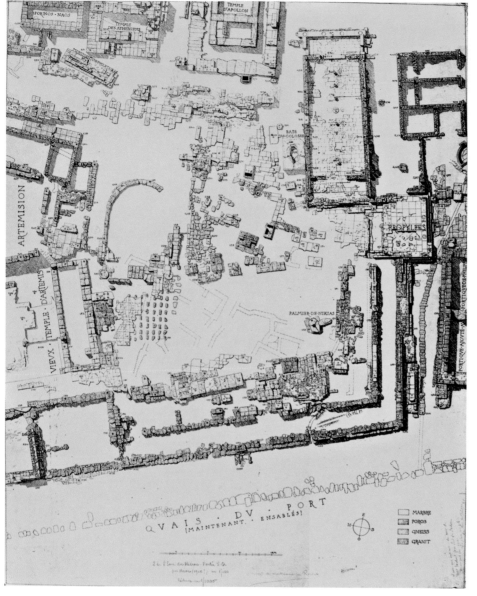

1 Gerhardt Poulsen et Axel Maar 1910, Délos: Sanctuaire d'Apollon, plan du secteur Sud-Ouest.

1 Délos, sanctuaire d'Apollon
Plan du 1910 des monuments situés dans le secteur Sud-Ouest du sanctuaire, comprenant la stoa et l'oikos des Naxiens, le pilier d'Antiochos, le palmier de Nicias, et le monument à abside.
Auteurs: Gerhardt Poulsen et Axel Maar.
Encre sur carton 79 x 95,5 cm; éch. 1:100.
EFA n° 3067.
Publié dans *EAD* XXXII, pl. I.

1 Delos, Apollon-helligdommen
Oversigtsplan fra 1910 af monumenterne placeret i helligdommens sydvestlige hjørne: stoaen, naxiernes hus, Antiochos-søjlen, Nikias-palmen og apsisbygningen.

Arkitekter: Gerhardt Poulsen og Axel Maar.
Tusch på karton 79 x 95,5 cm; 1:100.
EFA nr. 3067.
Publiceret i *EAD* XXXII, pl. I.

1 Δήλος, Ιερό του Απόλλωνος
Κάτοψη του 1910 των μνημείων του ΝΔ τομέα του ιερού, στα οποία συμπεριλαμβάνονται η στοά και ο οίκος των Ναξίων, ο στύλος του Αντιόχου, ο φοίνικας του Νικία και το αψιδωτό μνημείο.
Αρχιτέκτονες: Gerhardt Poulsen και Axel Maar.
Σχέδιο με μελάνι σε χαρτόνι 79 x 95,5 εκ., κλίμακα 1:100.
Αρ. σχεδιοθήκης: EFA αρ. 3067.
Δημοσίευση: *EAD* XXXII, πιν. I.

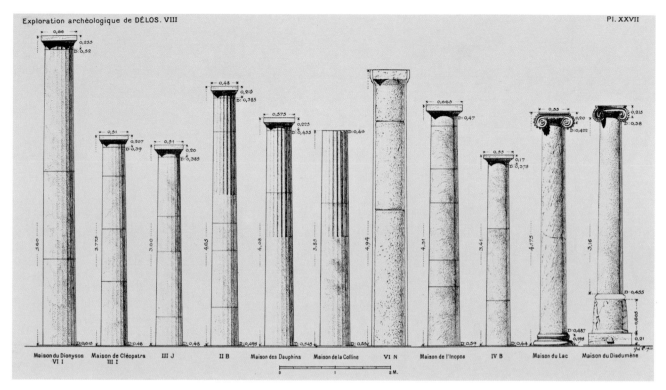

2 Gerhardt Poulsen 1908-1914, Délos: comparaison de colonnes.

2 Delos, teaterområdet
Opmålinger af doriske og joniske søjler fra forskellige bygninger. Sammenligning af søjlernes højde.
Arkitekt: Gerhardt Poulsen.
Tusch på karton 28 x 49 cm; 1:25.
EFA nr. 1850.
Publiceret: *EAD* VIII, pl. XXVII.

2 Délos, quartier du théâtre
Dessin en élévation de colonnes doriques et ioniques provenant de diverses maisons. Comparaison des hauteurs des colonnes.
Auteur: Gerhardt Poulsen.
Encre sur carton 28 x 49 cm; éch. 1:25.
EFA n° 1850.
Publié dans *EAD* VIII, pl. XXVII.

2 Δήλος, συνοικία του Θεάτρου
Σχέδιο όψεων δωρικών και ιωνικών κιόνων από διάφορες οικίες. Σύγκριση υψών των κιόνων.
Αρχιτέκτονας: Gerhardt Poulsen.
Σχέδιο με μελάνι σε χαρτόνι, διαστάσεων 28 x 49 εκ., κλίμακα 1:25.
Αρ. σχεδιοθήκης: EFA αρ. 1850.
Δημοσίευση: *EAD* VIII, πιν. XXVII.

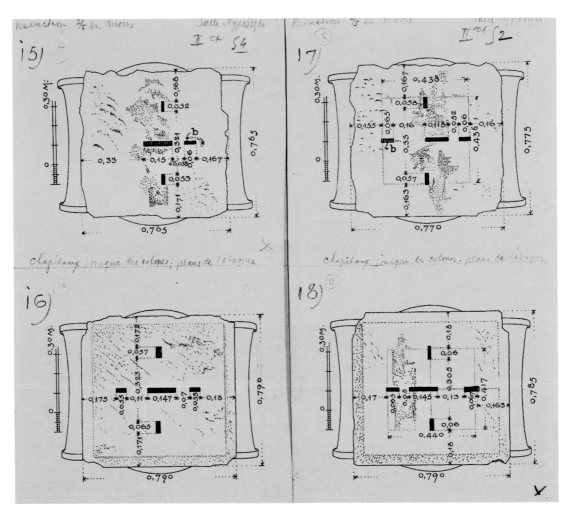

3 Gerhardt Poulsen 1908–1914, Délos: Salle Hypostyle, chapiteaux ioniques.

3 Delos, søjlehallen
Plan af oversiden af fire joniske kapitæler.
Arkitekt: Gerhardt Poulsen.
Tusch på karton 14 x 25 cm x 2; 1:10.
EFA nr. 1996 og 1997.
Publiceret i *EAD* II *bis*, p. 8, fig. 17.

3 Délos, Salle Hypostyle
Plan des lits d'attente de quatre chapiteaux ioniques.
Auteur: Gerhardt Poulsen.
Encre sur carton 14 x 25 cm x 2: éch. 1:10.
EFA n° 1996 et 1997.
Publié dans *EAD* II *bis*, p. 8, fig. 17.

3 Δήλος, Υπόστυλη Αίθουσα
Κάτοψη των βάσεων τεσσάρων ιωνικών κιονοκράνων.
Αρχιτέκτονας: Gerhardt Poulsen.
2 σχέδια με μελάνι σε χαρτόνι, διαστάσεων 14 x 25 εκ., κλίμακα 1:10.
Αρ. σχεδιοθήκης: EFA αρ. 1996 και 1997.
Δημοσίευση: *EAD* II *bis*, σελ. 8, εικ. 17.

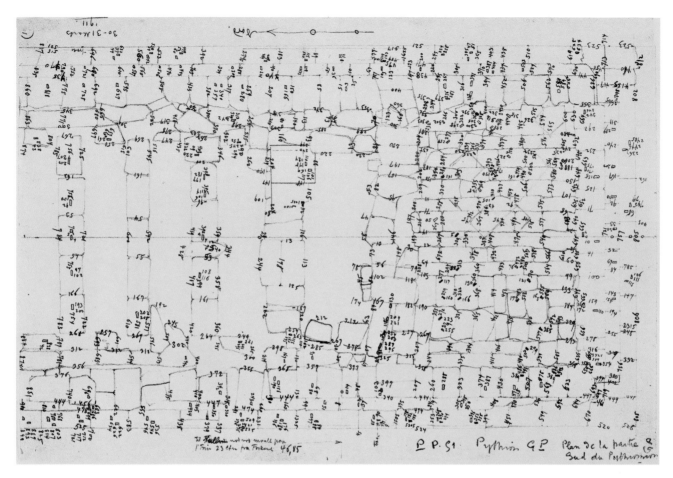

4 Gerhardt Poulsen 1908-1914, Délos: sanctuaire d'Apollon, croquis coté du Pythion.

4 *Delos, Apollon-helligdommen, Pythion*
Skitseplan over den sydlige del.
Arkitekt: Gerhardt Poulsen.
Blyant på karton 25 x 35 cm; uden målestok.
EFA nr. 1659.
Upubliceret.

4 *Délos, sanctuaire d'Apollon, le Pythion*
Plan-croquis coté de la partie Sud.
Auteur: Gerhardt Poulsen.
Crayon sur carton 25 x 35 cm; sans échelle.
EFA n° 1659.
Non publié.

4 *Δήλος, Ιερό του Απόλλωνος, Πύθιον*
Διαστασιολογημένο σκαρίφημα κάτοψης της νότιας πλευράς του Πυθίου.
Αρχιτέκτονας: Gerhardt Poulsen.
Σχέδιο με μελάνι σε χαρτόνι, διαστάσεων 25 x 35 εκ., χωρίς κλίμακα.
Αρ. σχεδιοθήκης: EFA αρ. 1659.
Αδημοσίευτο.

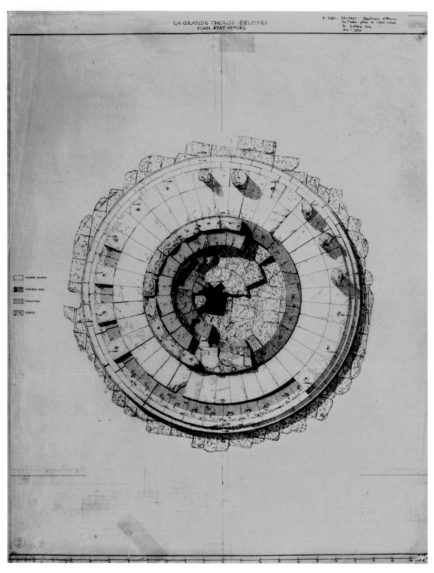

5 Kaj Gottlob 1912, Delphes: sanctuaire d'Athéna Pronaia, la Tholos, plan.

5 Delfi, Athena Pronaia-helligdommen, Tholos
Grundplan af monumentet i sin fulde omkreds.
Arkitekt: Kaj Gottlob.
Tusch på kalke 46 x 60 cm   1:50.
EFA no. 6871.
Publiceret i *FD* II, *Tholos*, vol. planches, pl. II.

5 Delphes, sanctuaire d'Athéna Pronaia, la Tholos
Plan état actuel.
Auteur: Kaj Gottlob.
Encre sur calque 46 x 60 cm; éch. 1:50.
EFA nº 6871.
Publié dans *FD* II, *Tholos*, vol. planches, pl. II.

5 Δελφοί, Ιερό Αθηνάς Προναίας, Θόλος
Κάτοψη της υπάρχουσας κατάστασης.
Αρχιτέκτονας: Kaj Gottlob.
Σχέδιο με μελάνι σε διαφανές, διαστάσεων 46 x 60 εκ., κλίμακα 1:50.
Αρ. σχεδιοθήκης: EFA αρ. 6871.
Δημοσίευση: *FD* II, Tholos, πιν. II.

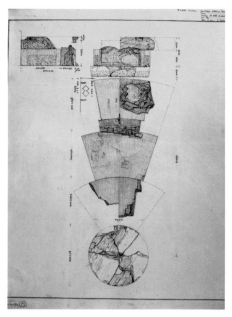

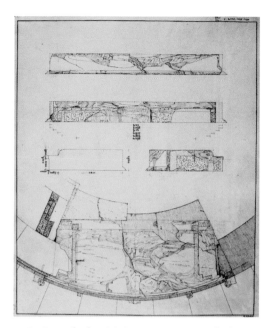

6 Kaj Gottlob 1925-1960, Delphes: sanctuaire d'Athéna Pronaia, la Tholos, plan partiel du dallage.

7 Kaj Gottlob 1925-1960, Delphes: sanctuaire d'Athéna Pronaia, la Tholos, plan du seuil.

6 Delfi, Athena Pronaia-helligdommen, Tholos
Snit og plan af en del af gulvbelægningen og det runde fundament til cellamuren.
Arkitekt: Kaj Gottlob.
Tusch på papir mærket J. Wathmann 1901, 48,5 x 61,5 cm; 1:10. EFA nr. 6895.
Publiceret i *FD* II, *Tholos*, vol. planches, pl. XXI.

6 Delphes, sanctuaire d'Athéna Pronaia, la Tholos
Coupe et plan partiel du dallage et du socle circulaire du sékos.
Auteur: Kaj Gottlob.
Encre sur papier de marque J. Wathmann 1901, 48,5 x 61,5 cm; éch. 1:10. EFA n° 6895.
Publié dans *FD* II, *Tholos*, vol. planches, pl. XXI.

6 Δελφοί, Ιερό Αθηνάς Προναίας, Θόλος
Τομή και τμήμα κάτοψης της πλακόστρωσης και του κυκλικού βάθρου του σηκού.
Αρχιτέκτονας: Kaj Gottlob.
Σχέδιο με μελάνι σε χαρτί (μάρκας J. Wathmann 1901), διαστάσεων 48,5 x 61,5 εκ., κλίμακα 1:10.
Αρ. σχεδιοθήκης: EFA αρ. 6895.
Δημοσίευση: *FD* II, *Tholos*, πιν. XXI.

7 Delfi, Athena Pronaia-helligdommen, Tholos
Snit, opstalt og plan af indgangens dørtærskel.
Arkitekt: Kaj Gottlob.
Tusch på papir mærket J. Wathmann 1901, 49,5 x 61,5 cm; 1:10. EFA nr. 6894.
Publiceret i *FD* II, *Tholos*, vol. planches, pl. XX.

7 Delphes, sanctuaire d'Athéna Pronaia, la Tholos
Coupe, élévation et plan du seuil.
Auteur: Kaj Gottlob.
Encre sur papier de marque J. Wathmann 1901, 49,5 x 61,5 cm.; éch. 1:10. EFA n° 6894.
Publié dans *FD* II, *Tholos*, vol. planches, pl. XX.

7 Δελφοί, Ιερό Αθηνάς Προναίας, Θόλος
Τομή, όψη και κάτοψη του κατωφλίου εισόδου.
Αρχιτέκτονας: Kaj Gottlob.
Σχέδιο με μελάνι σε χαρτί (μάρκας J. Wathmann 1901), διαστάσεων 49,5 X 61,5 εκ., κλίμακα 1:10.
Αρ. σχεδιοθήκης: EFA αρ. 6894.
Δημοσίευση: *FD* II, *Tholos*, πιν. XX.

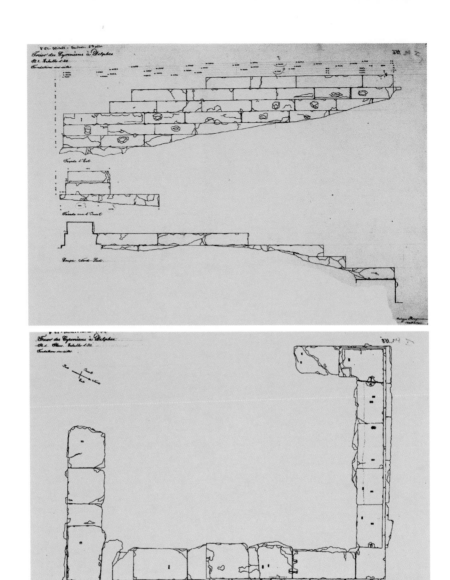

8 Børge Plougmann 1927, Delphes: trésor de Cyrène, plan, coupe et élévation.

8 Delfi, kyrenernes skathus
Plan, snit og opstalt af fundamenterne *in situ.*
Arkitekt: Børge Plougmann.
Tusch på papir 37,5 x 55 cm x 2;
1:20.
EFA nr. 156 og 158.
Upubliceret.

8 Delphes, trésor de Cyrène
Plan, coupe et élévation des fondations *in situ.*
Auteur: Børge Plougmann.
Encre sur papier 37,5 x 55 cm x 2;
éch. 1:20.
EFA n° 156 et 158.
Non publié.

8 Δελφοί, Θησαυρός της Κυρήνης
Κάτοψη, τομή και όψη των θεμελίων *in situ.*
Αρχιτέκτονας: Børge Plougmann.
2 σχέδια με μελάνι σε χαρτί, διαστάσεων 37,5 x 55 εκ., κλίμακα 1:20.
Αρ. σχεδιοθήκης: EFA αρ. 156 και 158.
Αδημοσίευτο.

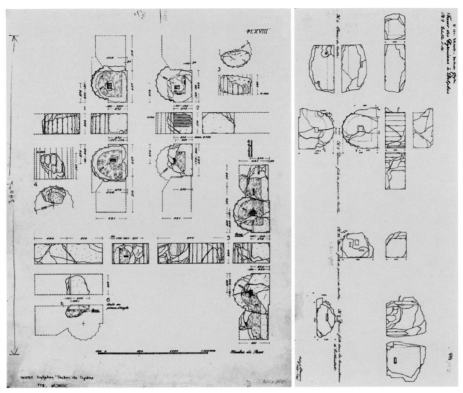

9 Børge Plougmann 1927, Delphes: trésor de Cyrène, colonnes engagées.

9a Delfi, kyrenernes skathus
Plan og opstalt af søjlefragmenter i marmor fra Paros.
Arkitekter: Børge Plougmann og Youry Fomine, der har kompletteret og rentegnet.
Tusch på karton 43,5 x 56 cm; 1:10.
EFA no. 30757.
Publiceret i *FD* II, *Trésor de Cyrène*, vol. planches, pl. XVIII.

9b Delfi, kyrenernes skathus
Plan og opstalt af søjlefragmenter i marmor fra Paros.
Arkitekt: Børge Plougmann.
Tusch på papir mærket Universal 24,5 x 56 cm; 1:10.
EFA nr. 150.
Upubliceret.

9a Delphes, trésor de Cyrène
Plan et élévation de fragments de colonnes engagées en marbre de Paros.
Auteur: Børge Plougmann et Youry Fomine, compléments et mise au net.
Encre sur carton 43,5 x 56 cm; éch. 1:10.
EFA n° 30757.
Publié dans *FD* II, *Trésor de Cyrène*, vol. planches, pl. XVIII.

9b Delphes, trésor de Cyrène
Plan et élévation de fragments de colonnes engagées en marbre de Paros.
Auteur: Børge Plougmann.
Encre sur papier de marque Universal 24,5 x 56 cm; éch. 1:10.
EFA n° 150. Non publié.

9a Δελφοί, Θησαυρός της Κυρήνης
Κάτοψη και όψη τμημάτων εντοιχισμένων κιόνων από παριανό μάρμαρο.
Αρχιτέκτονες: Børge Plougmann και Youry Fomine, ο οποίος έκανε συμπληρώσεις και την τελική σχεδίαση.
Σχέδιο με μελάνι σε χαρτόνι, διαστάσεων 43,5 x 56 εκ., 1:10.
Αρ. σχεδιοθήκης: EFA αρ. 30757.
Δημοσίευση: *FD* II, *Trésor de Cyrène*, πιν. XVIII.

9β Δελφοί, Θησαυρός της Κυρήνης
Κάτοψη και όψη τμημάτων εντοιχισμένων κιόνων από παριανό μάρμαρο.
Αρχιτέκτονας: Børge Plougmann.
Σχέδιο με μελάνι σε χαρτί (μάρκας Universal), διαστάσεων 24,5 x 56 εκ., κλίμακα 1:10. Αρ. σχεδιοθήκης: EFA αρ. 150. Αδημοσίευτο.

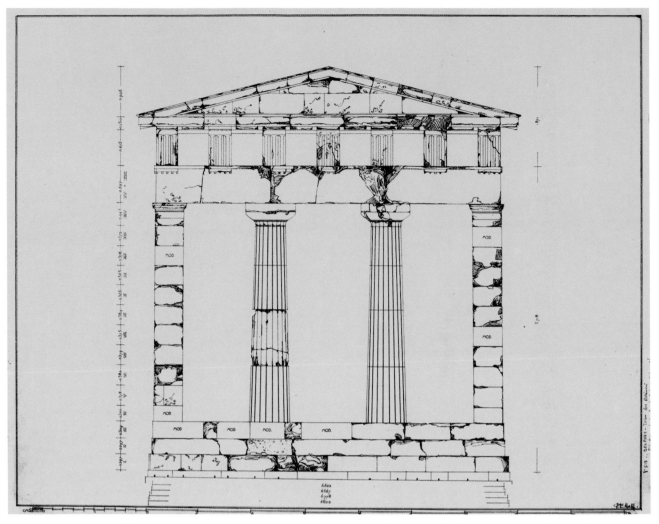

10 Poul E. Hoff / Magnus L. Stephensen 1921–1931, Delphes: trésor des Athéniens, élévation Est.

10 Delfi, atheniensernes skathus
Opstalt af den rekonstruerede østfacade.
Arkitekter: Poul E. Hoff og Magnus L. Stephensen.
Tusch på papir mærket J. Wathmann 1928, 49 x 61 cm; 1:20.
EFA nr. 515.
Publiceret i *FD* II, *Trésor des Athéniens*, pl. III.

10 Delphes, trésor des Athéniens
Élévation de la façade Est du monument reconstruit.
Auteurs: Poul E. Hoff et Magnus L. Stephensen.
Encre sur papier de marque J. Wathmann 1928, 49 x 61 cm; éch. 1:20.
EFA n° 515.
Publié dans *FD* II, *Trésor des Athéniens*, pl. III.

10 Δελφοί: θησαυρός των Αθηναίων
Ανατολική όψη του ανακατασκευασμένου μνημείου.
Αρχιτέκτονες: Poul E. Hoff και Magnus L. Stephensen.
Σχέδιο με μελάνι σε χαρτί (μάρκας J. Wathmann 1928), διαστάσεων 49 x 61 εκ., κλίμακα 1:20.
Αρ. σχεδιοθήκης: EFA αρ. 515.
Δημοσίευση: *FD* II, *Trésor des Athéniens*, πιν. III.

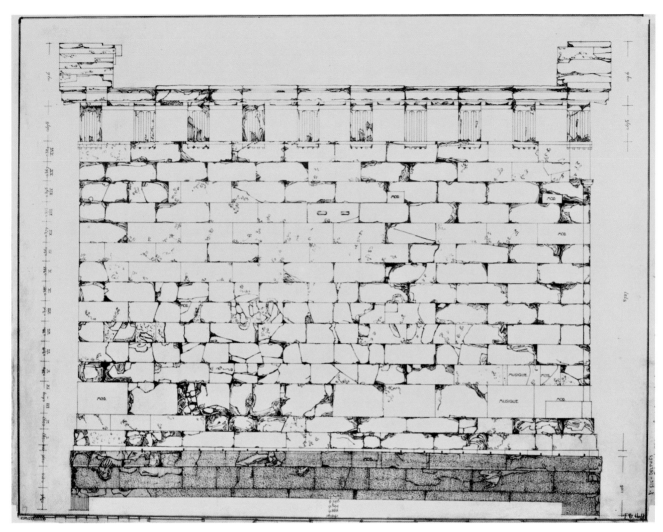

11 Poul E. Hoff / Magnus L. Stephensen 1921-1931, Delphes: trésor des Athéniens, élévation Sud.

11 Delfi, atheniensernes skathus
Opstalt af den rekonstruerede syd-facade.
Arkitekter: Poul E. Hoff og Magnus L. Stephensen.
Tusch på papir mærket J. Wathmann 1929, 49 x 61 cm; 1:20.
EFA nr. 516.
Publiceret i *FD* II, *Trésor des Athéniens*, pl. IV.

11 Delphes, trésor des Athéniens
Élévation de la façade Sud du monument reconstruit.
Auteurs: Poul E. Hoff et Magnus L. Stephensen.
Encre sur papier de marque J. Watman 1929, 49 x 61 cm; éch. 1:20.
EFA nº 516.
Publié dans *FD* II, *Trésor des Athéniens*, pl. IV.

11 Δελφοί: θησαυρός των Αθηναίων
Νότια όψη του ανακατασκευασμένου μνημείου.
Αρχιτέκτονες: Poul E. Hoff και Magnus L. Stephensen.
Σχέδιο με μελάνι σε χαρτί (μάρκας J. Wathmann 1929), διαστάσεων 49 x 61 εκ., κλίμακα 1:20.
Αρ. σχεδιοθήκης: EFA αρ. 516.
Δημοσίευση: *FD* II, *Trésor des Athéniens*, πιν. IV.

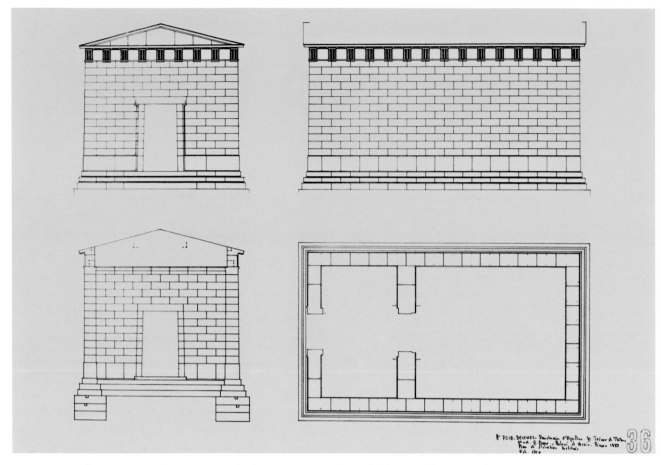

12 Helge Finsen 1933, Delphes: trésor de Thèbes, plan et élévations restituées.

12 Delfi, thebanernes skathus
Rekonstruktion af skathuset i plan, snit og opstalt.
Arkitekt: Helge Finsen.
Tusch på kalke 52,5 x 60 cm; 1:50.
EFA nr. 7018.
Upubliceret, men omtalt i *FD* II, Trésor de Thèbes.

12 Delphes, trésor de Thèbes
Plan, coupe et élévations restitués.
Auteur: Helge Finsen.
Encre sur calque 52,5 x 60 cm; éch. 1:50.
EFA n° 7018.
Non publié, mentionné dans *FD* II, *Trésor de Thèbes.*

12 Δελφοί, Θησαυρός των Θηβών
Αποκατάσταση κάτοψης, τομής και όψεων.
Αρχιτέκτονας: Helge Finsen.
Σχέδιο με μελάνι σε διαφανές, διαστάσεων 52,5 x 60 εκ., κλίμακα 1:50.
Αρ. σχεδιοθήκης: EFA αρ. 7018.
Δημοσίευση: *FD* II, *Trésor de Thèbes.*

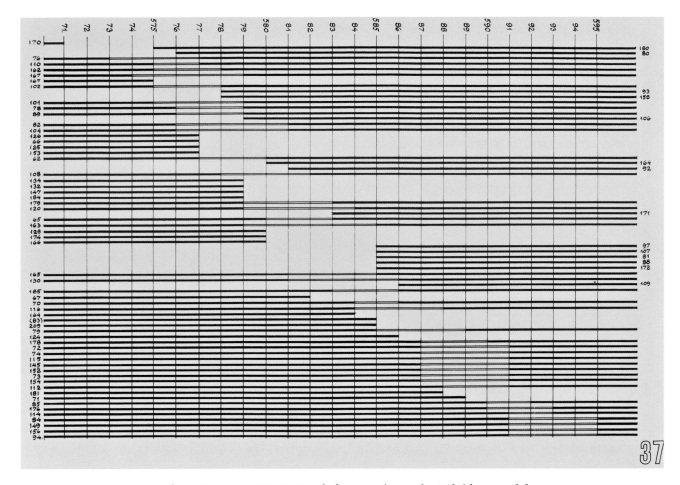

13 Helge Finsen 1933, Delphes: trésor de Thèbes, tableau.

13 Delfi, thebanernes skathus
Skema, der viser tykkelsen af yder-
murenes stenskifter, med henblik på
at bestemme deres hældning.
Arkitekt: Helge Finsen.
Tusch på kalke 45,5 x 60 cm.
EFA nr. 5549.
Upubliceret.

13 Delphes, trésor de Thèbes
Tableau résumant les épaisseurs des
assises des murs extérieurs pour
déterminer leur fruit.
Auteur: Helge Finsen.
Encre sur calque 45,5 x 60 cm.
EFA n° 5549.
Non publié.

13 Δελφοί, Θησαυρός των Θηβών
Συνοπτικός πίνακας των υψών των
δόμων των εξωτερικών τοίχων για τον
υπολογισμό της κλίσης τους.
Αρχιτέκτονας: Helge Finsen.
Σχέδιο με μελάνι σε διαφανές, διαστά-
σεων 45,5 x 60 εκ.
Αρ. σχεδιοθήκης: EFA αρ. 5549.
Αδημοσίευτο.

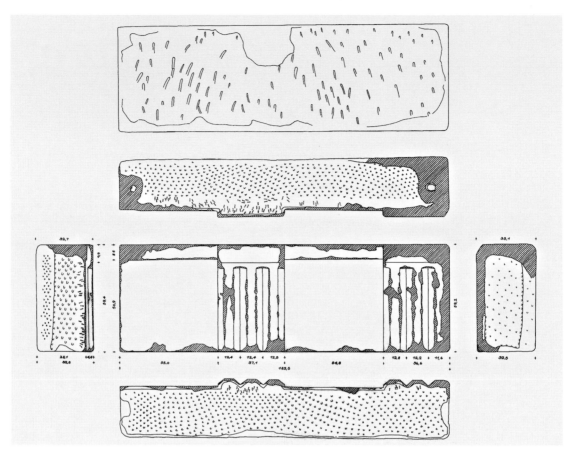

14 Carsten Hoff 1963, Thasos: porte de Zeus, frise dorique.

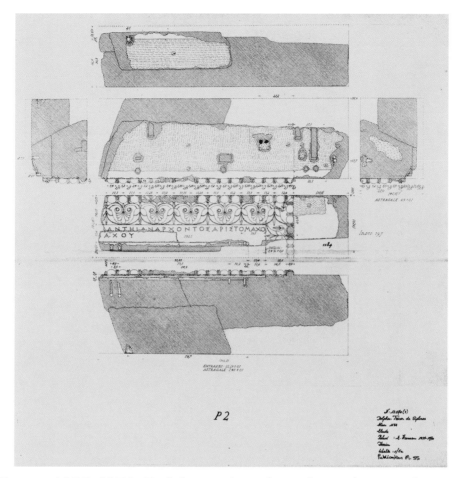

P2

15 Erik Hansen 1958-1970, Delphes: trésor de Siphnos, linteau de porte mouluré.

15a-b Delfi, sifniernes skathus
Tegning af for-, over- og bagside, højre ende, den afbrudte venstre ende og undersiden af døroverliggeren til dør P2.
Arkitekt: Erik Hansen.
Blyant på akvarelpapir mærket Canson 46,5 x 64,5 cm og tusch på kalke 60 x 63 cm; 1:5.
EFA nr. 12070 (2) og 40712.
Publiceret i *FD* II, *Trésor de Siphnos*, vol. planches, pl. 55.

15a-b Delphes, trésor de Siphnos
Dessin des faces antérieure, supérieure et postérieure, le joint droit, et les côtés brisés en bas et à gauche du linteau de la porte P2.
Auteur: Erik Hansen.
Crayon sur papier aquarelle de marque Canson 46,5 x 64,5 cm et encre sur calque 60 x 63 cm; éch. 1:5.
EFA nº 12070 (2) et 40712.
Publié dans *FD* II, *Trésor de Siphnos*, vol. planches, pl. 55.

15a-β Δελφοί, Θησαυρός των Σιφνίων
Σχέδιο του ανωφλίου της θύρας P2: περιλαμβάνει την άνω και κάτω βάση, την κύρια και πίσω όψη, τη δεξιά πλάγια όψη και τις θραυσμένες πλευρές κάτω και αριστερά.
Αρχιτέκτονας: Erik Hansen.
Σχέδιο με μελάνι σε διαφανές, διαστάσεων 60 x 63 εκ. καθώς και με μολύβι σε χαρτί ακουαρέλλας (Canson) 46,5 x 64,5 εκ., κλίμακα 1:5.
Αρ. σχεδιοθήκης: EFA αρ. 12070 (2) και 40712.
Δημοσίευση: *FD* II, *Trésor de Siphnos*, πιν. 55.

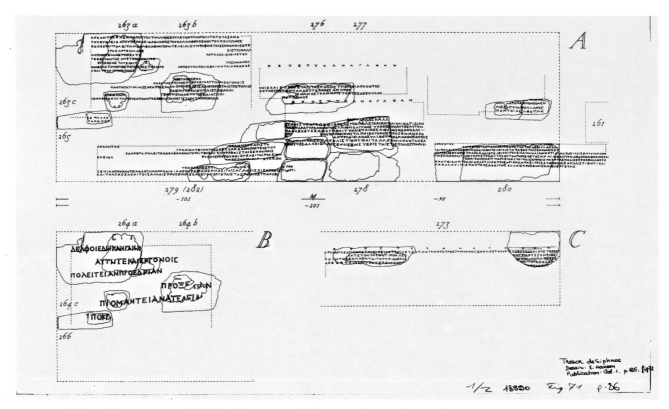

16 Erik Hansen 1958-1970, Delphes: trésor de Siphnos, pierres inscrites.

16 Delfi, sifniernes skathus
Tegning af sten med indskrifter forsøgt gengivet i deres oprindelige placering.
Arkitekt: Erik Hansen.
Tusch på kalke 32 x 53 cm; 1:5.
EFA nr. 13890.
Publiceret i *FD* II, *Trésor de Siphnos*, vol. textes, p. 86, fig. 71.

16 Delphes, trésor de Siphnos
Dessin de pierres inscrites, essai de regroupement des fragments.
Auteur: Erik Hansen.
Encre sur calque 32 x 53 cm; éch. 1:5.
EFA n° 13890.
Publié dans *FD* II, *Trésor de Siphnos*, vol. textes, p. 86, fig. 71.

16 Δελφοί, Θησαυρός των Σιφνίων
Σχέδιο ενεπίγραφων λίθων, ανασύνθεση θραυσμάτων.
Αρχιτέκτονας: Erik Hansen.
Σχέδιο με μελάνι σε διαφανές, διαστάσεων 32 x 53 εκ., κλίμακα 1:5.
Αρ. σχεδιοθήκης: EFA αρ. 13890.
Δημοσίευση: *FD* II, *Trésor de Siphnos*, σελ. 86, εικ. 71.

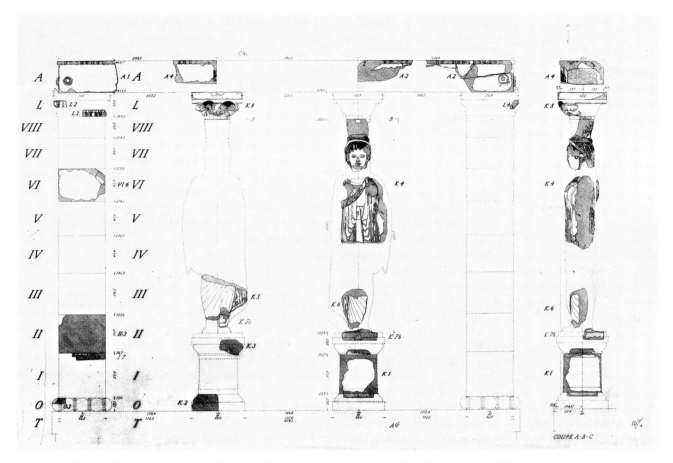

17 Erik Hansen 1958-1970, Delphes: trésor de Siphnos, élévation ouest.

17 Delfi, sifniernes skathus
Tegnet rekonstruktion af karyati-
derne og anteblokkene i vestfaca-
den samt et snit.
Arkitekt: Erik Hansen.
Tusch på kalke 62 x 86 cm; 1:10.
EFA nr. 18131.
Publiceret i *FD* II, *Trésor de
Siphnos*, vol. planches, pl. 71.

17 Delphes, trésor de Siphnos
Dessin de restitution des caryatides
et des blocs des antes de la façade
Ouest et d'une coupe.
Auteur: Erik Hansen.
Encre sur calque 62 x 86 cm; éch.
1:10.
EFA n° 18131.
Publié dans *FD* II, *Trésor de
Siphnos*, vol. planches, pl. 71.

17 Δελφοί, Θησαυρός των Σιφνίων
Σχέδιο αποκατάστασης των καρυα-
τίδων και των λίθων των παραστάδων
της δυτικής όψης, καθώς και τομή.
Αρχιτέκτονας: Erik Hansen.
Σχέδιο με μελάνι σε διαφανές, διαστά-
σεων 62 x 86 εκ., κλίμακα 1:10.
Αρ. σχεδιοθήκης: EFA αρ. 18131.
Δημοσίευση: *FD* II, *Trésor de Siphnos*,
πιν. 71.

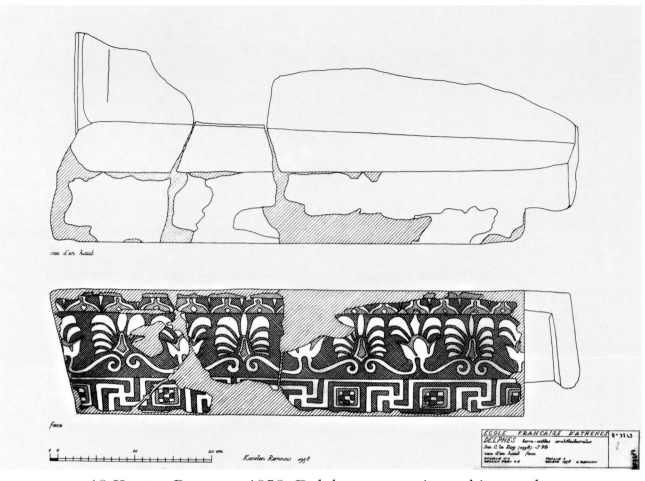

18 Karsten Rønnow 1958, Delphes: terre cuite architecturale.

18 Delfi, arkitekturfragment i terra-kotta
Tegning af simaen S 92.
Arkitekt: Karsten Rønnow.
Tusch på kalke 61,5 x 86,5 cm; 1:1.
EFA, nr. 3743.
Publiceret i *FD* II, *Terres cuites architecturales*, pl. 113.

18 Delphes, terre cuite architectu-rale
Dessin de la sima S 92.
Auteur: Karsten Rønnow.
Encre sur calque 61,5 x 86,5 cm; éch. 1:1.
EFA n° 3743.
Publié dans *FD* II, *Terres cuites architecturales*, pl. 113.

18 Δελφοί, πήλινη κεραμίδα
Σχέδιο σίμης Σ 92.
Αρχιτέκτονας: Karsten Rønnow.
Σχέδιο με μελάνι σε διαφανές, διαστά-σεων 61,5 x 86,5 εκ., κλίμακα 1:1.
Αρ. σχεδιοθήκης: EFA αρ. 3743.
EFA αρ. 3743.
Δημοσίευση: *FD* II, *Terres cuites archi-tecturales*, πιν. 113.

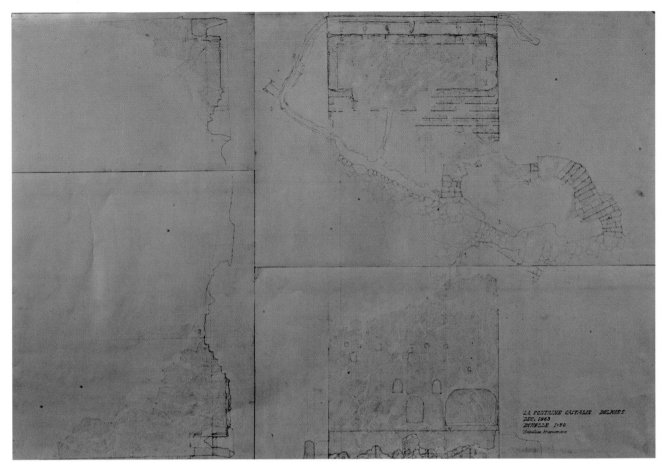

19 Annelise Bramsnæs 1963, Delphes: fontaine de Castalie rupestre.

19a-b Delfi, Kastalias klippekilde
Plan, opstalt og snit.
Arkitekt: Annelise Bramsnæs.
Blyant på karton 63 x 87,5 cm og tusch på kalke 76 x 103 cm; 1:50.
EFA nr. 3723.
Publiceret i *BCH* Suppl. IV, fig. 4.
Dette monument havde allerede i 1901 været genstand for en opmåling af Joseph Replat.

19a-b Delphes, fontaine de Castalie rupestre
Plan, élévation et coupes.
Auteur: Annelise Bramsnæs.
Crayon sur carton 63 x 87,5 cm et encre sur calque 76 x 103 cm; éch. 1:50.
EFA n° 3723.
Publié dans *BCH* Suppl. IV, fig. 4.
Ce monument avait déjà fait l'objet en 1901 d'un relevé dû à Joseph Replat.

19a-β Δελφοί: Καστάλια πηγή
Κάτοψη, όψη και τομές.
Αρχιτέκτονας: Annelise Bramsnæs.
Προσχέδιο με μολύβι σε χαρτόνι 63 x 87,5 εκ., κλίμακα 1:50.
Σχέδιο με μελάνι σε διαφανές, διαστάσεων 76 X 103 εκ.
Αρ. σχεδιοθήκης: EFA αρ. 3723.
Δημοσίευση: *BCH* Suppl IV 1, εικ. 4.
Το μνημείο είχε ήδη αποτυπωθεί από τον Joseph Replat το 1901.

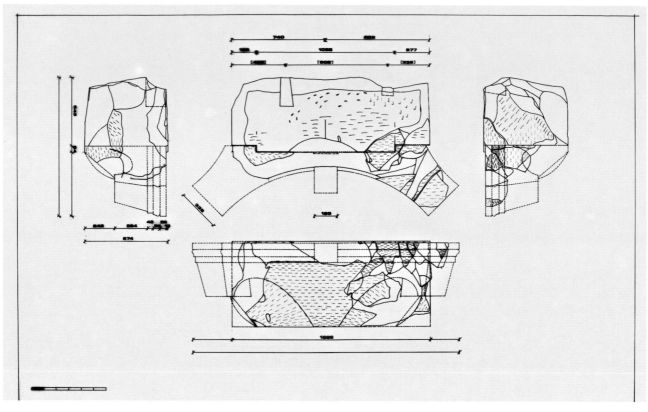

20 Lene Skov 1990-91, Torben Thyregod Jensen 1995-2005, Amathonte: temple d'Aphrodite, chapiteau de pilastre.

20 Amathonte, Afrodite-templet
Tegning af pilasterkapitæl af naba-tæisk type, tilhørende nordfacaden.
Arkitekter: Lene Skov (opmåling) og Torben Thyregod Jensen (kom-plementering og rentegning).
Tusch på kalke 36 x 52 cm; 1:10.
EFA nr. 40711.
Publiceret i *EtChypr* (under udgi-velse).

20 Amathonte, temple d'Aphrodite
Dessin de chapiteau de pilastre de type nabatéen appartenant à la faça-de Nord.
Auteurs: Lene Skov, (relevé) et Torben Thyregod Jensen (mis au net et compléments).
Encre sur calque 36 x 52 cm; éch. 1:10.
EFA n° 40711.
Publié dans *EtChypr* (en prépara-tion).

20 Αμαθούς, Κύπρος, ναός της Αφρο-δίτης
Σχέδιο κιονοκράνου πιλάστρου τύπου ναβατεινικού, από τη βόρεια όψη του ναού.
Αρχιτέκτονας: Lene Skov (αποτύπωση), Torben Thyregod Jensen (συμπληρώσεις και τελικό σχέδιο).
Σχέδιο με μελάνι σε διαφανές, διαστά-σεων 36 x 52 εκ., κλίμακα 1:10.
Αρ. σχεδιοθήκης: EFA αρ. 40711.
Δημοσίευση: προετοιμάζεται η δημοσί-ευση στη σειρά *EtChypr*.

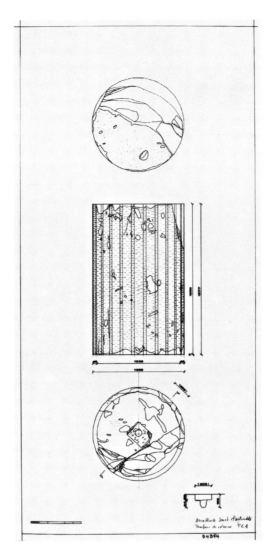

21 Torben Thyregod Jensen 1995-2005, Amathonte: temple d'Aphrodite, tambour de colonne.

21 Amathonte, Afrodite-templet
Tegning af søjletromle fra den tetrastyle østfacade.
Arkitekt: Torben Thyregod Jensen.
Tusch på kalke 32,5 x 62 cm; 1:10.
EFA nr. 34374.
Publiceret i *EtChypr* (under udgivelse).

21 Amathonte, temple d'Aphrodite
Dessin de tambour de colonne appartenant à la façade tétrastyle Est.
Auteur: Torben Thyregod Jensen.
Encre sur calque 32,5 x 62 cm; éch. 1:10.
EFA n° 34374.
Publié dans *EtChypr* (en préparation).

21 Αμαθούς, Κύπρος, ναός της Αφροδίτης
Σχέδιο σπονδύλου κίονος από την ανατολική τετράστυλη όψη του ναού. Αρχιτέκτονας: Torben Thyregod Jensen. Σχέδιο με μελάνι σε διαφανές, διαστάσεων 32,5 X 62 εκ., κλίμακα 1:10. Αρ. σχεδιοθήκης: EFA αρ. 34374. Δημοσίευση: προετοιμάζεται η δημοσίευση στη σειρά *EtChypr*.

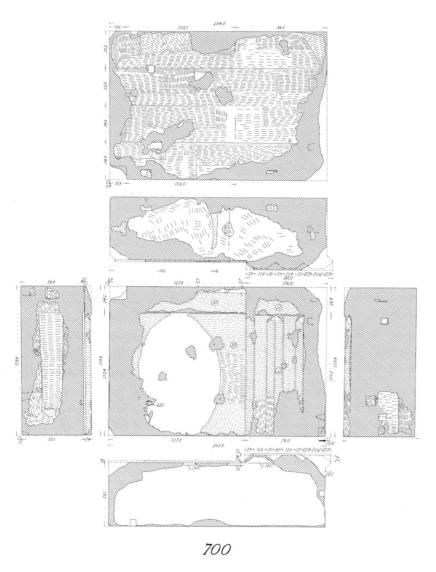

700

22 Erik Hansen 2008, Delphes: temple d'Apollon, frise dorique.

22 Delfi, Apollon-templet
Tegning af de tre fugeflader, den synlige forside, samt over- og undersiden af friseblok 700, bestående af triglyf og metope, hvorpå der er spor af et skjold.
Arkitekt: Erik Hansen.
Tusch på kalke 86 x 108 cm; 1:5.
EFA nr. 40606.
Publiceret i *FD* II, *Temple d'Apollon*, pl. 62a.

22 Delphes, temple d'Apollon
Dessin des trois faces de joint, de la face visible et des lits de pose et d'attente du bloc de frise n°700 constitué par le triglyphe et la métope sur laquelle est visible la trace d'un bouclier.
Auteur: Erik Hansen.
Encre sur calque 86 x 108 cm; éch. 1:5.
EFA n° 40606.
Publié dans *FD* II, *Temple d'Apollon*, pl. 62a.

22 Δελφοί, Ναός του Απόλλωνος
Σχέδιο του λίθου της ζωφόρου αρ. 700, που αποτελείται από τρίγλυφο και μετόπη στην οποία διακρίνεται ίχνος ασπίδας. Περιλαμβάνει τις δύο πλάγιες όψεις, την πίσω όψη, την κύρια όψη, καθώς και την άνω και κάτω βάση.
Αρχιτέκτονας: Erik Hansen.
Σχέδιο με μελάνι σε διαφανές, διαστάσεων 86 x 108 εκ., κλίμακα 1:5.
Αρ. σχεδιοθήκης: EFA αρ. 40606.
Δημοσίευση: *FD* II, *Temple d'Apollon*, πιν. 62α.

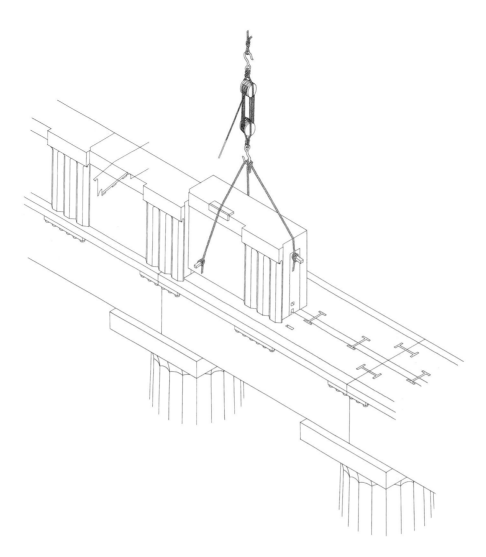

23 Erik Hansen 2008, Delphes: temple d'Apollon, mise en place d'une frise.

23 Delfi, Apollon-templet
Perspektivisk tegning af en frise-bloks placering på den midterste del af arkitraven.
Arkitekt: Erik Hansen.
Tusch på kalke 46,5 x 50,5 cm; 1:50.
EFA nr. 40370.
Publiceret i *FD* II, *Temple d'Apollon*, fig. 17, 2.

23 Delphes, temple d'Apollon
Dessin axonométrique montrant la mise en place d'un bloc de frise au moyen d'attaches fixées sur le bloc.
Auteur: Erik Hansen.
Encre sur calque 46,5 x 50,5 cm; éch. 1:50.
EFA n° 40370.
Publié dans *FD* II, *Temple d'Apollon*, fig. 17, 2.

23 Δελφοί, Ναός του Απόλλωνος
Αξονομετρικό σχέδιο. Αναπαριστά την τοποθέτηση λίθου της ζωφόρου με χρήση βοηθημάτων στερεωμένων στο λίθο.
Αρχιτέκτονας: Erik Hansen.
Σχέδιο με μελάνι σε διαφανές, διαστά-σεων 46,5 x 50,5 εκ., κλίμακα 1:50.
Αρ. σχεδιοθήκης: EFA αρ. 40370.
Δημοσίευση: *FD* II, *Temple d' Apollon*, πιν. 17, 2.

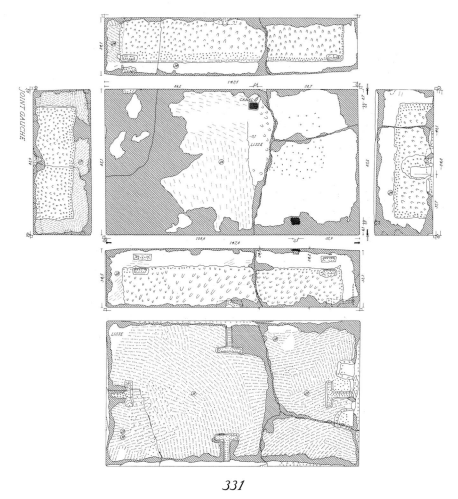

331

24 Erik Hansen 2008, Delphes: temple d'Apollon, pierre du dallage.

24 Delfi, Apollon-templet
Tegning af de fire fugeflader,
under- og overside af gulvflise 331.
Arkitekt: Erik Hansen.
Tusch på kalke 55,5 x 65,5 cm; 1:5.
EFA nr. 40548.
Publiceret i *FD* II, *Temple d'Apol-
lon*, pl. 47.

24 Delphes, temple d'Apollon
Dessin des quatre faces de joint, des
lits de pose et d'attente de la dalle
331.
Auteur: Erik Hansen.
Encre sur calque 55,5 x 65,5 cm;
éch. 1:5.
EFA n° 40548.
Publié dans *FD* II, *Temple d'Apol-
lon*, pl. 47.

24 Δελφοί, Ναός του Απόλλωνος
Περιλαμβάνει τις δύο πλάγιες όψεις,
την πίσω και την κύρια όψη καθώς και
την άνω και κάτω βάση της πλάκας
331.
Αρχιτέκτονας: Erik Hansen.
Σχέδιο με μελάνι σε διαφανές, διαστά-
σεων 55,5 x 65,5 εκ., κλίμακα 1:5.
Αρ. σχεδιοθήκης: EFA αρ. 40548.
Δημοσίευση: *FD* II, *Temple d' Apollon*,
πιν. 47.

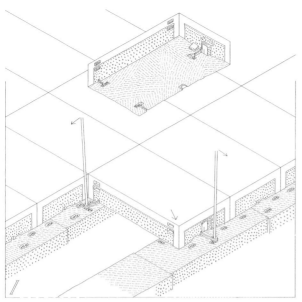
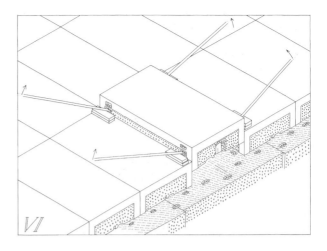

25 et 26 Erik Hansen 2008, Delphes: temple d'Apollon, mise en place de dalle.

25 Delfi, Apollon-templet
Perspektivisk tegning, der viser, hvorledes gulvfliserne lægges på plads ved hjælp af løftestænger.
Arkitekt: Erik Hansen.
Tusch på kalke 43 x 44 cm;
1:10.
EFA nr. 40345, 1.
Publiceret i *FD* II, *Temple d'Apollon*, fig. 14,4 I.

26 Delfi, Apollon-templet
Perspektivisk tegning, der viser, hvorledes den sidste gulvflise lægges på plads ved hjælp af løftestænger.
Arkitekt: Erik Hansen.
Tusch på kalke 32,5 x 42 cm;
1:50.
EFA nr. 40345, 6.
Publiceret i *FD* II, *Temple d'Apollon*, fig. 14,4 VI.

25 Delphes, temple d'Apollon
Dessin axonométrique montrant la méthode de déplacement d'une pierre courante du dallage de la cella au moyen de leviers.
Auteur: Erik Hansen.
Encre sur calque 43 x 44 cm; éch.
1:10.
EFA n° 40345, 1.
Publié dans *FD* II, *Temple d'Apollon*, fig.14,4 I.

26 Delphes, temple d'Apollon
Dessin axonométrique montrant la mise en place de la dernière pierre du dallage de la cella au moyen de leviers.
Auteur: Erik Hansen.
Encre sur calque 32,5 x 42 cm; éch.
1:50.
EFA n° 40345, 6.
Publié dans *FD* II, *Temple d'Apollon*, fig.14,4 VI.

25 Δελφοί, Ναός του Απόλλωνος
Αξονομετρικό σχέδιο, όπου αναπαρίσταται η μέθοδος μετατόπισης κοινής πλάκας δαπέδου με μοχλούς.
Αρχιτέκτονας: Erik Hansen.
Σχέδιο με μελάνι σε διαφανές, διαστάσεων 43 x 44 εκ., κλίμακα 1:10.
Αρ. σχεδιοθήκης: EFA αρ. 40345, I.
Δημοσίευση: *FD* II, *Temple d' Apollon*, εικ. 14,4, I.

26 Δελφοί, Ναός του Απόλλωνος
Αξονομετρικό σχέδιο, όπου αναπαρίσταται η μέθοδος τοποθέτησης της τελευταίας πλάκας δαπέδου με μοχλούς.
Αρχιτέκτονας: Erik Hansen.
Σχέδιο με μελάνι σε διαφανές, διαστάσεων 32,5 x 42 εκ., κλίμακα 1: 50.
Αρ. σχεδιοθήκης: EFA αρ. 40345, 6.
Δημοσίευση: *FD* II, *Temple d' Apollon*, εικ. 14,4, VI.

27 Delfi, Apollon-helligdommen
Plan over Apollon-helligdommen
målt og tegnet i 1:50 af 22 arkitekt-
studerende i 1963 og 1964 på initi-
ativ af Erik Hansen og under ledelse
af Gregers Algreen-Ussing og An-
nelise Bramsnæs.
Se videre side 87.

27 Delphes, le Sanctuaire d'Apollon
Plan du sanctuaire d'Apollon des-
sinés à l'échelle 1:50 par 22 étudi-
ants architectes de 1963 à 1967, à
l'initiative d'Erik Hansen et sous la
responsabilité de Gregers Algreen-
Ussing et Annelise Bramsnæs.
Voir aussi page 87.

27 Δελφοί, Ιερό του Απόλλωνος
Κάτοψη του ιερού του Απόλλωνος σε
κλίμακα 1:50. Αποτελεί πρωτοβουλία
του Erik Hansen και είναι έργο 22
φοιτητών της αρχιτεκτονικής
(1963-1967) υπό την εποπτεία των
Gregers Algreen-Ussing και Annelise
Bramsnæs.
Βλ. κατωτέρω, σελίδα 87.

27 Gregers Algreen–Ussing et Annelise Bramsnæs 1967, Delphes: sanctuaire d'Apollon plan d'ensemble.

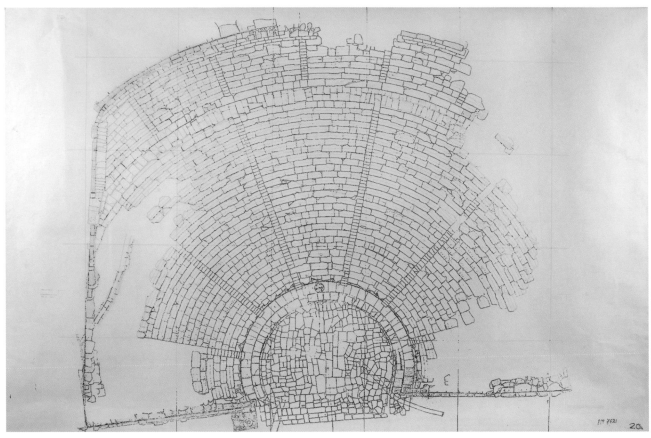

28 Th. Gunnarsson 1967, Delphes: théâtre, plan.

28a-b Delfi, teatret
Plan af teatret med siddepladser, orkestra og en del af scenebygningens murværk.
Arkitekt: Th. Gunnarsson 1963, rentegning i tusch under ledelse af Gregers Algreen-Ussing og Annelise Bramsnæs 1967.
Blyant på karton 99 x 119 cm og tusch på kalke 100 x 148 cm; 1:50 EFA nr. 7621.
Publiceret i *FD* II, *Atlas*, plan 20 i målskala 1:100.

28a-b Delphes, théâtre
Plan du théâtre représentant la *cavea*, l'*orchestra* et une partie du bâtiment de scène.
Auteurs: Th. Gunnarsson 1963, mise au net par sous la responsabilité Gregers Algreen-Ussing et Annelise Bramsnæs 1967.
Crayon sur carton 99 x 119 cm et encre sur calque 100 x 148 cm; éch. 1:50.
EFA n° 7621.
Publié dans *FD* II, *Atlas*, plan 20 à l'échelle 1:100.

28a-β Δελφοί, Θέατρο
Κάτοψη του θεάτρου, όπου φαίνονται το κοίλον, η ορχήστρα και μέρος του κτηρίου της σκηνής.
Αρχιτέκτονας: Th. Gunnarsson, υπό την εποπτεία του Gregers Algreen-Ussing και της Annelise Bramnæs, 1967.
Προσχέδιο με μολύβι σε χαρτόνι, διαστάσεων 99 x 199 εκ. και σχέδιο με μελάνι σε διαφανές, διαστάσεων 100 x 148 εκ., κλίμακα 1: 50.
Αρ. σχεδιοθήκης: EFA αρ. 7621.
Δημοσίευση: *FD* II, *Atlas*, σχ. 20, κλίμακα 1:100.

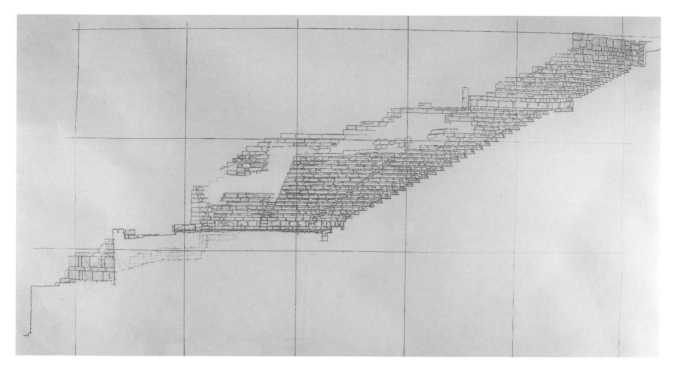

29 Th. Gunnarsson 1967, Delphes: théâtre, coupe Sud-Nord.

29a-b Delfi, teatret
Nord-syd snit af trin og sæderene i teatrets akse.
Arkitekt: Th. Gunnarsson 1964, rentegning i tusch under ledelse af Gregers Algreen-Ussing og Annelise Bramnæs 1967.
Blyant på karton 103 x 128 cm og tusch på kalke 89 x 134 cm; 1:50.
EFA nr. 7651.
Publiceret i *FD* II, *Atlas*, snit 5c i målskala 1:100.

29a-b Delphes, théâtre
Coupe Sud-Nord sur les gradins dans l'axe du théâtre.
Auteurs: Th. Gunnarsson 1964, mise au net par sous la responsabilité Gregers Algreen-Ussing et Annelise Bramsnæs 1967.
Crayon sur carton 103 x 128 cm et encre sur calque 89 x 134 cm; éch. 1:50.
EFA n° 7651.
Publié dans *FD* II, *Atlas* , coupe 5 c à l'échelle 1:100.

29a-β Δελφοί, Θέατρο
Αξονική τομή N.-B. των κερκίδων.
Αρχιτέκτονας: Th. Gunnarsson, υπό την εποπτεία του Gregers Algreen-Ussing και της Annelise Bramnæs, 1967.
Προσχέδιο με μολύβι σε χαρτόνι, διαστάσεων 103 x 128 εκ. και σχέδιο με μελάνι σε διαφανές, διαστάσεων 89 x 134 εκ., κλίμακα 1: 50.
Αρ. σχεδιοθήκης: EFA αρ. 7651.
Δημοσίευση: *FD* II, *Atlas*, τομή 5 c, κλίμακα 1:100.

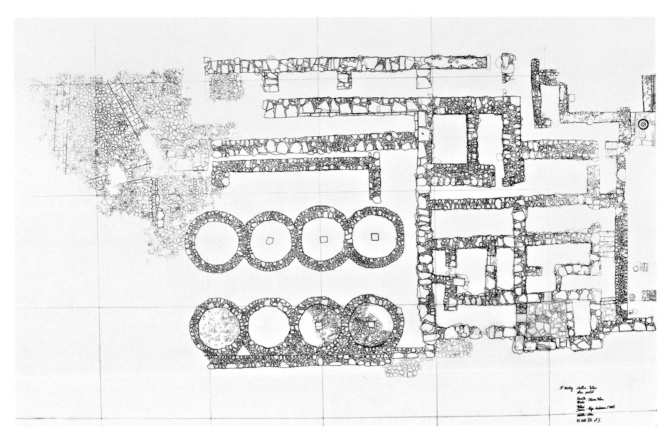

30 Elga Andersen 1968, Malia: palais, plan du secteur Sud-Ouest.

30a-b Malia, minoiske palads
Plan over paladsets sydvestlige hjørne med en del af Vestgården, siloerne, og helligdommen XVIII. En af seks planer, der viser paladset, der dækker et område på mere end en hektar.
Arkitekter: seks arkitektstuderende under Elga Andersens ledelse fra 1966 til 1967. E.A. har rentegnet planen i tusch efter blyantstegningen.
Blyant på karton 73 x 102 cm og tusch på kalke 77,5 x 122,5 cm.
EFA nr. 8210g; 1:50.
Publiceret i *EtCret* XIX, i mål 1:100, opdelt på seks plancher.
Se mere side 87.

30a-b Malia, palais minoen
Plan du secteur Sud-Ouest du palais comprenant une partie de l'esplanade Ouest, les silos et le sanctuaire XVIII. Les ruines de l'édifice couvre une surface de plus d'un hectare.
Auteurs: 6 étudiants architectes sous la responsabilité d'Elga Andersen de 1964 à 1968 qui a assuré la mise au net du plan à l'encre à partir des dessins au crayon.
Crayon sur carton 73 x 102 cm et encre sur calque 77,5 x 122,5 cm.
EFA n° 8210g; éch. 1:50.
Publié dans *EtCret* XIX, à l'échelle 1:100, découpé en 6 dépliants.
Voir aussi page 87.

30a-β Μάλια, μινωικό ανάκτορο
Κάτοψη του ΝΔ τομέα του ανακτόρου: τμήμα της δυτικής αυλής, αποθηκευτικοί χώροι και ιερό XVIII. Τα ερείπια καλύπτουν έκταση μεγαλύτερη του ενός εκταρίου.
Αρχιτέκτονες: 6 φοιτητές της αρχιτεκτονικής υπό την εποπτεία της Elga Andersen (1964-1968), η οποία ολοκλήρωσε τα προσχέδια με μολύβι.
Μολύβι σε χαρτόνι, διαστάσεων 73 x 102 εκ. και μελάνι σε διαφανές 77,5 x 122,5 εκ.
Αρ. σχεδιοθήκης: EFA αρ. 8210g, κλίμακα 1:50. Δημοσίευση: *EtCret* XIX, κλίμακα 1:100, σε 6 αναδιπλούμενους πίνακες. Βλ. κατωτέρω, σελίδα 87.

Arkitektens redskaber i
felten.

Instruments de mesure
utilisés sur le site.

Αρχιτεκτονικά εργαλεία
πεδίου.

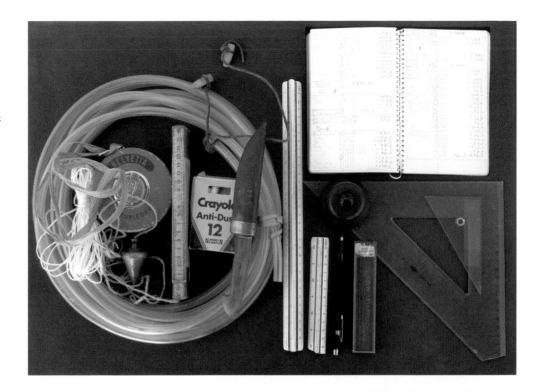

Arkitektens redskaber ved
tegnebordet.

Instruments de mesure
utilisés au bureau.

Αρχιτεκτονικά όργανα
σχεδίασης.

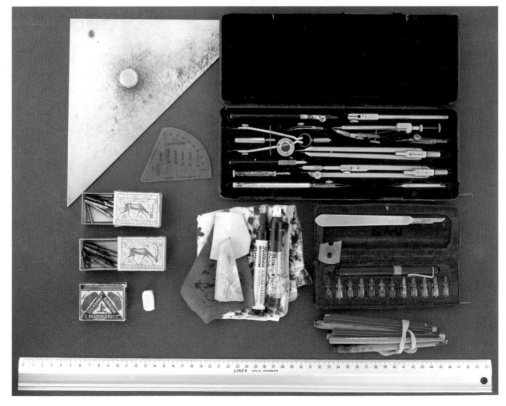

Danske arkitekter ved EFA
Les architectes danois à EFA
Οι Δανοί αρχιτέκτονες στην EFA

Første periode / Première période / Πρώτη περίοδος (1908-14)

Architecte	Années	Site	Monument	Archéologue
Gerhardt Poulsen	1908–14	Délos	Portique d'Antigone	F. Courby
			Monument des Taureaux	R. Vallois
			Salle Hypostyle	R. Vallois
			Portique de Philippe	R. Vallois
			Quartier du théâtre	J. Chamonard
Anton Frederiksen	1910–11	Délos	Poseidoniastes de Bérytos	Ch. Picard
Axel Maar	1910–11	Délos	Portique de Philippe	R. Vallois
			Plan d'ensemble	
Sven Risom	1911–14	Délos	Sanctuaires du Mont Cynthe	A. Plassart
			Samothrakeion, Mithridate	F. Chapoutier
			Héraion	R.Vallois
		Thasos	Porte de Zeus	
		Tégée	Temple d'Aléa Athéna	Ch. Dugas
Edvard Thomsen	1912?	Délos	Agora des Italiens	J. Replat
Mogens Clemmensen	1912–13	Tégée	Temple d'Aléa Athéna	Ch. Dugas
Kaj Gottlob	1912, 1923 1960 et 1962	Delphes	Tholos de Marmaria	J. Charbonneaux

Anden periode / Deuxième période / Δεύτερη περίοδος (1921-33)

Architecte	Années	Site	Monument	Archéologue
Vilhelm Lauritzen	1921	Delphes	Deux trésors de Marmaria	G. Daux
Marinus Andersen	1924	Delphes	Temple en calcaire	J. Charbonneaux
	1932	Athènes	Porte des Géants	Ch. van Essen
F. C. Lund	1925	Delphes	Trésor de Siphnos	G. Daux
Helge Finsen	1926	Delphes	Trésor de Thèbes	G. Daux
Børge Plougmann	1927	Delphes	Trésor de Cyrène	P. Roussel
Edvard Kindt-Larsen	1928	Philippes	Théâtre	P. Collart
Svend Albinus	1929	Délos	Gymnase. Agora des Italiens Sanct. des deux Dioscures	L. Robert
		Delphes	Monument en fer à cheval	L. Lerat
Poul E. Hoff	1930	Délos	Gymnase (suite)	L. Robert
		Delphes	Trésor des Athéniens	J. Audiat
Magnus L. Stephensen	1931	Delphes	Trésor des Athéniens	J. Audiat

Tredje periode / Troisième période / Τρίτη περίοδος (1951-)

Architecte	Années	Site	Monument	Archéologue
Curt von Jessen	1951	Délos		Y. Fomine
Frode Kirk	1951-52	Delphes	Héroon de Blum Toit de la Tholos	G. Roux
Søren et Elisabeth Sass	1953	Delphes Epidaure	Trésor de Siphnos Tholos	G. Daux G. Roux
Mogens et Anne-Tinne Friis	1954-55	Epidaure Ptoion	Temple d'Artémis Temple d'Apollon	G. Roux
Erik Hansen	1954-	Epidaure Médéon Dikili Tash Argos	Temple d'Artémis Eglise Byzantine Maison de fouilles Introduction de la méthode stratigraphique	G. Roux P. Courbin
		Delphes	Trésor de Siphnos Temple d'Apollon	G. Daux P. Amandry
J.O. von Spreckelsen	1956	Delphes	Trésor de Cnide	F. Salviat
Karsten Rønnow	1958	Delphes Argos	Terres cuites architecturales Introduction de la méthode stratigraphique	Chr. Le Roy P. Courbin

Karen Zahle	1960	Delphes	Trésor éolique anonyme	F. Salviat
Søren Harboe	1961	Samothrace	Agora	F. Salviat
	1961–1965	Malia	Maison de fouilles	
Hans Ludvigsen	1962	Délos	Monument aux hexagones	V. Regnot
Ebbe Christensen	1962	Aliki	Temple	P. Bernard
Carsten Hoff	1963	Thasos	Portique Sud-Ouest	F. Salviat
			Porte de Zeus	R. Martin
			Evraiocastro, église pal.	C. Rolley
		Aliki	Temple	P. Bernard
Gregers Algreen-Ussing	1963-67	Delphes	Sanctuaire d'Apollon	
	1964	Malia	pose les points fixes dans le palais	
Annelise Bramsnæs	1963	Delphes	Fontaine de Castalie rupestre	P. Amandry
Niels Bech	1964	Délos	Maison des Comédiens	Chr. Llinas
Elga Andersen	1964	Malia	Plan général du palais	O. Pelon
Clifford Tjørn	1964	Délos	Monument des Taureaux	Chr. Llinas
Niels Halby	1964	Délos	Monument des Taureaux	Chr. Llinas
Jan Wichmann	1964	Délos	Monument des Taureaux	Chr. Llinas
Gunnar Hoydal	1964	Délos	Agora	Chr. Llinas
Erik Olsen et				
Henriette Howalt	1964	Delphes	Monument des Navarques	J.-F. Bommelaer
Bente Lindholm	1965	Delphes	Epigones	C. Jardan
Steen Agger	1965–1967	Délos	Maisons privés	Ph. Bruneau
			Sanctuaire syrien	E. Will
Knud Larsen	1965–1966	Malia	Musée épigraphique	
Niels Christoffersen	1966	Malia	Quartier K	H. van Effenterre
Jacob Erlangsen	1966	Malia	Quartier M	J.-C. Poursat
Susanne Prahm	1966	Argos	Thermes A	Garlan, Sodini et Sarian
	1966	Délos	Sanctuaire syrien, théâtre	E. Will
Kirsten Lenskjold	1967	Délos	Sanctuaire syrien, théâtre	E. Will
Søren Blaabjerg	1967	Délos	Nivellement	Bruneau, Sibert et Couilloud
	1967	Argos	Aphrodision	Bommelaer et Croisant
Hans Jakobsen	1967-68	Argos	Terrain Hadzixénophon	J.-P. Sodini
		Delphes	Temple en calcaire	J.-P. Michaud
Ole Jappe	1967-68	Thasos	Sondage	J.-P. Michaud
		Delphes	Urbanisme	J.-P. Michaud
Sten Holbæk	1968	Malia	Quartier Mu	J.-C. Poursat
			Sondage au Sud du Palais	R. Treuil
Lene Skafte Skov	1990-91	Amathonte	Temple d'Aphrodite	A. Hermary et M. Schmid
Torben Thyregod Jensen	1995-2005	Amathonte	Temple d'Aphrodite	A. Hermary et M. Schmid

De store planopmålinger (1963-1968)
Les mesures du grand plan (1963-1968)
Οι αποτυπώσεις των γενικών κατόψων (1963–1968)

Delfi, Apollon-helligdommen
Plan og diverse snit i området, der dækker 9712 m², målt og tegnet i 1:50 af 22 studerende i 1963 og 1964 under ledelse af Gregers Algreen-Ussing. Rentegning i tusch ved Gregers Algreen-Ussing og Annelise Bramsnæs i 1965-67.
Publiceret i *Atlas*, (*FD* II), Paris 1975, omfattende 37 dobbelt-plancher i 1:100.
Deltagere i Delfi-opmålingen:

Delphes, le Sanctuaire d'Apollon
Plan et coupes du site, qui occupe près de 9712 m², mesurés et dessinés à 1:50 par 22 étudiants pendant 1963-64, sous la supervision de Gregers Algreen-Ussing. Les dessins au crayon ont été encrés par Algreen-Ussing et Annelise Bramsnæs en 1965-67.
Publiés dans *Atlas*, (*FD* II), Paris 1975, comprenant 37 planches doubles à 1:100.
Ont participé à la prise des mesures:

Δελφοί, Ιερό του Απόλλωνος
Κάτοψη και τομές του χώρου, ο οποίος καταλαμβάνει περί τα 9712 μ². Οι μετρήσεις και η σχεδίαση στο 1:50 έγιναν από 22 φοιτητές (1963-64), υπό την επίβλεψη του Gregers Algreen-Ussing. Τα σχέδια ολοκληρώθηκαν με μελάνι από τον Gregers Algreen-Ussing και την Annelise Bramsnæs το 1965-67.
Δημοσιεύτηκαν στον τόμο *Atlas*, (*FD* II), Παρίσι 1975.
Συμμετείχαν στις αποτυπώσεις:

Gregers Algreen-Ussing, Helle Anker, Søren Blaabjerg, Annelise Bramsnæs, Ebbe Christensen, Ole Christensen, Jens Damborg, Jørn Damsgaard, Jan Gehl, Eva Gleerup Andersen, Frits Gravesen, Thorsteinn Gunnarsson, Poul Erik Hansen, Anders Halse, Uffe Henriksen, Knud Larsen, Erik Olsen, Henriette Howalt, Aase Steensen, Jørgen Søe-Vestergård, Niels Truelsen, Knud Våben.

Malia, det minoiske palads
Planen, der dækker 4047 m², er målt og tegnet i 1:50 af 6 arkitektstuderende i 1966 og 1967 under ledelse af Elga Andersen. Rentegning i tusch ved Elga Andersen i 1968.
Publiceret i *Plan du palais de Mallia* (ÉtCrét XIX), Paris 1974, omfattende 6 6-fløjede foldeplancher i 1:100.
Deltagere i Malia-opmålingen:

Malia, le palais minoen.
Le plan, couvrant une surface de 4047 m², a été mesuré et dessiné à 1:50 par 6 étudiants pendant 1966 et 1967, sous la supervision de Elga Andersen. Les dessins au crayon ont été encrés par Elga Andersen en 1968.
Publiés dans *Plan du palais de Mallia* (ÉtCrét XIX), Paris 1974, les dessins occupent 6 planches pliées.
Ont participé à la prise des mesures:

Μάλια, μινωικό ανάκτορο
Η κάτοψη καλύπτει επιφάνεια 4047 μ², μετρήθηκε και σχεδιάστηκε στο 1:50 από 6 φοιτητές (1966-67), υπό την καθοδήγηση της Elga Andersen. Τα σχέδια ολοκληρώθηκαν με μελάνι από την Elga Andersen το 1968.
Δημοσιεύτηκαν στον τόμο *Plan du palais de Mallia* (ÉtCrét XIX), Παρίσι 1974, σε 6 αναδιπλούμενους πίνακες
Συμμετείχαν στις αποτυπώσεις:

Elga Andersen, Erik Bystrup, Stig Eriksen, Jacob Erlangsen, Harald Grut, Flemming Munksgaard Rasmussen, Birgitte Sørensen.

Forkortelser og udvalgt bibliografi
Abréviations et bibliographie sélective
Συντομογραφίες και επιλεγμένη βιβλιογραφία

Abbreviations

BCH	Bulletin de Correspondance Héllenique
EAD	Exploration Archéologique de Délos
EFA	École française d'Athènes
ÉtChypr	*Études Chypriotes*
ÉtCrét	*Études Crétoises*
FD	Fouilles de Delphes

Algreen-Ussing, G., 'Arkitektens håndværk', dans *Håndværk i 2000 år*, Det Kongelige Danske Kunstakademi, Konservatorskolen 2001, 19-25.

Amandry, P., 'Notes de topographie et d'architecture delphiques', dans *Études delphiques* (*BCH* Suppl IV), Paris 1977, p. 179-228.

Athanassiadi, I., D. Petropoulos, G. Rougemont, E. Andersen et O. Pelon, *Mallia: plan du site, plan du palais, indices* (*ÉtCrét* XIX), Paris 1974.

Audiat, J., E. Hoff & M.L. Stephensen, *Le trésor des Athéniens, vol.* texte par J. Audiat, vol. album par E. Hoff et M.L. Stephensen (*FD* II, *Trésor des Athéniens*), Paris 1933.

AUPERT, P. (éd), *Guide d'Amathonte, Sites et Monuments* XV, Athènes 1996.

Bousquet J. & Y. Fomine, *Le trésor de Cyrène*, vol. textes par J. Bousquet et vol. planches, relevé et restauration par J. Bousquet & Y. Fomine (*FD* II, *Trésor de Cyrène*), Paris 1952.

Charbonneau, J. & K.Gottlob, *Le Sanctuaire d'Athéna Pronaia, la Tholos, vol.* texte par J. Charbonneau, vol. planches, relevé et restauration par K.Gottlob, (*FD* II, *Tholos*), Paris 1925.

Daux G. & E. Hansen, avec la collaboration de M.-Chr. Hellmann, *Le trésor de Siphnos* (*FD* II, *Trésor de Siphnos*), Athènes 1987.

de Fine Licht, K., *Måle og tegne*, Kunstakademiets arkitektskole 1993.

Dugas, Ch., J. Berchmans & M. Clemmensen, *Le Sanctuaire d' Aléa Athéna à Tégée du IVᵉ siècle*, Paris 1924.

Dyggve, E., 'Recherches archéologiques danoises', *Le Nord* 6, 1943.

Dyggve, E., *Laphrion. Das Tempelbezirk von Kalydon*, København 1948.

Dyggve, E., *Lindos. Fouilles de l'acropole 1902-1914 et 1952*. III.1. *Sanctuaire d´Athèna Lindia et l'architecture lindienne*, Copenhagen et Berlin 1960.

Fourrier, S. & A. Hermary, *Amathonte VI, Le sanctuaire d'Aphrodite des origines au début de l'époque impériale* (*ÉtChypr* XVII), Athènes 2006.

Glahn, H. (red), *Foreningen af 3. December 1892. Festskrift 1992*, København 1992.

Gunnarsson, Th., 'Leikhúsid í Delfí' i *Grikkland ár og síd*, S.A. Magnússon, K. Árnason, Th. Thorsteinsson og G.J. Gudmundsson (eds.), Reykjavík 1991.

Hansen, E., Apollontemplet i Delfi, dans *Delfi, tekster og artikler om Apollons helligdom*, O. Wagner (ed.), Odense 1997, 293-313.

Hansen, E., 'Handaufmass und Bauarchäologische Analyse: Ein Stein in Delphi', dans *Von Handaufmass bis High Tech, Aufnahmeverfahren in der historischen Bauforschung*, U. Werferling, K. Heine & U. Wulf (eds.), Mainz 2000, 182-186.

Hansen, E., *Le temple d'Apollon* (FD II, *Temple d'Apollon*), à paraître.

Hansen E. & G. Algreen-Ussing, *Atlas* (FD II, *Atlas*), Athènes 1975.

Hellmann, M.-Ch., 'Les architectes de l'École française d'Athènes', *BCH* 120 (1966), 191-222.

Hermary, A. & M. Schmid, *Amathonte VII, Le sanctuaire d'Aphrodite à l'époque impériale* (*ÉtChypr*), en préparation.

Michaud J.-P., *Le trésor de Thèbes* (*FD* II, *Trésor de Thèbes*), Athènes 1974.

Roy, C. Le, *Terres cuites architecturales* (*FD* II, *Terres Cuites*), Paris 1967.

Vallois, R. & G. Poulsen, *Nouvelles recherches sur la Salle Hypostyle* (EAD II *bis*), Paris 1914.

Vallois, R. & G. Poulsen, *Le Quartier du Théâtre, étude sur l'habitation délienne* (EAD VIII), Paris 1922-1924.

Illustrationer

Illustrations

Εικονογράφηση

Planerne i katalogdelen s. 56-75 og 81-82 er fotograferet af Philippe Collet (EFA) og de er behandlet elektronisk til publikationen af Panagiota Patiri (EFA).

Fotografier og planer fra EFAs arkiver: s. 9, 23, (øverst), 26, 35, 41, 43-47, 76-79.

Få illustrationer er reproduceret fra publikationer:
s. 13 and 14, Dyggve, 1960, Pl. IV, A og Pl. VI, L.; s. 20, Vallois & Poulsen 1914, s. 4, fig. 2, 3, 4, 5 og s. 11. fig. 24; s. 22, Dugas, Berchmans & Clemmensen 1924, pl. XLIV; s. 23 (for oven), Charbonneaux & Gottlob 1925, pl. XXVIII; s. 29 Dyggve 1948, Abb. 158-159; s. 31 og 80, Hansen & Algreen-Ussing 1975, Plan III og Pl. 12; p. 37 Vallois & Poulsen 1914.

Øvrige illustrationer krediteres:
Erik Hansen: s. 15, 17, 19, 23 (lower), 27, 32; Erik Hallager: s. 36, 83; Ingeborg Frederiksen: s. 38; Gerda Elisabeth Hoff: s. 40; Gregers Algreen-Ussing: s. 48, 52, 54; Inger Kickan Hansen: s. 51; Thorsteinn Gunnarsson: s. 53.

Les plans du catalogue, pp. 56-75 et 81-82, ont été photographiés par Philippe Collet (EFA) et élaborés pour la publication par Panagiota Patiri (EFA).

Photographies et plans des Archives EFA: p. 9, 23, (en haut), 26, 35, 41, 43-47, 76-79.

Quelques illustrations ont été reproduites à partir de publications:
p. 13 et 14, Dyggve, 1960, Pl. IV, A and Pl. VI, L.; p. 20, Vallois & Poulsen 1914, p. 4, fig. 2, 3, 4, 5 et p. 11. fig. 24; p. 22, Dugas, Berchmans & Clemmensen 1924, pl. XLIV; p. 23 (en haut), Charbonneaux & Gottlob 1925, pl. XXVIII; p. 29 Dyggve 1948, Abb. 158-159; p. 31 et 80, Hansen & Algreen-Ussing 1975, Plan III et Pl. 12; p. 37, Vallois & Poulsen 1914.

Crédits pour le reste des illustrations:
Erik Hansen: p. 15, 17, 19, 23 (lower), 27, 32; Erik Hallager: p. 36, 83; Ingeborg Frederiksen: p. 38; Gerda Elisabeth Hoff: p. 40; Gregers Algreen-Ussing: p. 48, 52, 54; Inger Kickan Hansen: p. 51; Thorsteinn Gunnarsson: p. 53.

Τα σχέδια του καταλόγου, σελ. 56-75 και 81-82, φωτογραφήθηκαν από τον Philippe Collet (EFA) και η ηλεκτρονική τους επιμέλεια για τη δημοσίευση έγινε από την Παναγιώτα Πατήρη (EFA).

Οι φωτογραφίες και τα σχέδια των σελίδων 9, 23 (άνω), 26, 35, 41, 43-47 και 76-79 ανήκουν στα αρχεία της EFA.

Μερικές εικόνες έχουν ληφθεί από δημοσιεύσεις:
σελ. 13 και 14, Dyggve, 1960, πιν. IV, A και πιν. VI, L., σελ. 20, Vallois & Poulsen 1914, σελ. 4, εικ. 2, 3, 4, 5 και σελ. 11. εικ. 24, 22, Dugas, Berchmans & Clemmensen 1924, πιν. XLIV, σελ. 23 (άνω), Charbonneaux &. Gottlob 1925, πιν. XXVIII; σελ. 29 Dyggve 1948, πιν 158-159. σελ. 31 και 80, Hansen & Algreen-Ussing 1975, σχ. III et πιν. 12; σελ. 37 Vallois & Poulsen 1914.

Προέλευση υπολοίπων φωτογραφιών:
Erik Hansen: σελ. 15, 17, 19, 23 (κάτω), 27, 32, Erik Hallager: σελ. 36, 83, Ingeborg Frederiksen: σελ. 38, Gerda Elisabeth Hoff: σελ. 40, Gregers Algreen-Ussing: σελ. 48, 52, 54, Inger Kickan Hansen: σελ. 51, Thorsteinn Gunnarsson: σελ. 53.